W0387309

Kryptowährungen:
Verstehen – Investieren – Gewinnen

Sicher unterwegs in der Welt von Bitcoin, Ethereum & Co.

Thomas Artelsmair

THOMAS ARTELSMAIR

KRYPTO WÄHRUNGEN

VERSTEHEN | INVESTIEREN | GEWINNEN

SICHER UNTERWEGS IN DER WELT
VON BITCOIN, ETHEREUM & CO.

ISBN: 979-8-531-63455-9
1. Auflage

Thomas Artelsmair
Mühlstraße 42D
4600, Wels
Österreich

Buchcover: Denise Gahn
Korrektorat/Lektorat: Christina Müller
Buchsatz: Kathrin Lembcke

Inhalt

Über den Autor

Thomas Artelsmair, geboren im Jahr 1997, ist Investor, Day-Trader und Unternehmer. Nach seiner Matura (bzw. Abitur) – welche er mit einem Notendurchschnitt von 1,0 abschloss – begann er zunächst ein Studium mit den Schwerpunkten Mechatronik und Wirtschaft. Kurz darauf entschloss er sich aber, seinen unternehmerischen Träumen nachzugehen und brach daher das Studium ab.

Trotz seines jungen Alters hat er daraufhin viele Bereiche der Digitalisierung kennengelernt und sich eingehend damit auseinandergesetzt. Unter anderem war er erfolgreich im Online- und Network-Marketing und im digitalisierten Vertrieb tätig, bevor er sich hauptberuflich dem Day-Trading widmete, wo er noch heute sehr erfolgreich tätig ist.

Nebenbei beschäftigt er sich seit dem Jahr 2015 mit den Themen Kryptowährungen und Blockchain und sieht sich als langfristigen Krypto-Investor, wobei er schon mehrmals seine Investitionen durch eine geschickte Auswahl an Coins und Token vervielfachen konnte. Wenn er sich auch sehr für den Bereich interessiert, so ist dies für ihn lediglich eine Nebentätigkeit.

Er sieht sich nicht als selbsternannten "Experten", sondern möchte sein über die Jahre im Selbststudium erworbenes Wissen weitergeben. Dabei wendet er sich speziell an Einsteiger, die noch nichts mit dem Thema zu tun hatten, sich aber dafür interessieren. Mit seinem offenen, ungezwungenen Schreib- und Lehrstil holt er dabei jeden dort ab, wo er gerade steht – sei es nun ein vollkommener Anfänger oder jemand, der sich schon eingehend mit Kryptowährungen und Blockchain beschäftigt hat.

Er lebt in der Nähe der Stadt Linz in Österreich, verreist aber (sowohl geschäftlich als auch privat) sehr oft und ist in der ganzen Welt unterwegs. Alle Updates und weitere Informationen finden Sie in der Linksammlung am Ende dieses Buches. Außerdem lädt Thomas Sie ein, ihn persönlich per Mail zu kontaktieren. Sei es nun für Feedback (positiv wie negativ), Anmerkungen, Mentoring oder einfach zum Wissensaustausch, er freut sich über Ihre Nachricht unter: kryptobuch@gmx.net!

Einleitung und Vorwort des Autors

Sehr geehrte Leserin, sehr geehrter Leser!

Das Thema ist so aktuell wie nie zuvor. Sogar die klassischen Medien wie Fernsehen und Zeitungen berichten mittlerweile darüber und jeder hat schon einmal irgendwie davon gehört. Für die meisten von uns ist es ein Mysterium des Internetzeitalters, und nur wenige Interessierte wissen wirklich, was sich genau dahinter verbirgt. Die Rede ist von Kryptowährungen und ihrem bekanntesten Vertreter: Bitcoin.

Zum Zeitpunkt des Schreibens dieses Buches befindet sich der gesamte Kryptomarkt mitten in einer beispiellosen Aufwärtsbewegung und ein Hoch folgt auf das nächste. Nach mehr als zwölf Jahren seit der Erfindung der ersten digitalen Währung wurde im Januar 2021 die magische Grenze von einer Billion US-Dollar *Marktkapitalisierung* durchbrochen. Damit diese Zahl etwas greifbarer wird: „Eine Billion" besteht aus einer Eins gefolgt von 12 Nullen (1.000.000.000.000)!

Weitere drei Monate später hatte sich dieser Wert bereits mehr als verdoppelt!

Während viele Skeptiker im aktuellen Anstieg nur eine einzige riesige *Spekulationsblase* sehen, sprechen Anhänger der Szene von berechtigter Wertsteigerung oder gar von der Geburt eines „neuen Finanzsystems", das das klassische System mit Banken und zentraler Regulierung durch Staaten in Zukunft ablösen könnte.

Und es ist tatsächlich etwas dran an solchen Aussagen. Die sogenannten *Fiat-Währungen* wie Euro, US-Dollar usw. verlieren seit Jahrzehnten ihren Wert und das Vertrauen der Bevölkerung. Auch das kommt nicht von irgendwo: Bei der Bank gibt es seit Jahren praktisch keine Zinsen mehr. Und die *Inflation*[1], kombiniert mit dem pausenlosen Drucken von neuem Geld, lässt den Wert sinken. Das ist simple Ökonomie. Der Preis oder Wert eines Gutes (bzw. einer Währung) wird immer bestimmt durch Angebot und Nachfrage. Wenn das Angebot steigt, indem neues Geld gedruckt wird, die Nachfrage aber grundsätzlich gleich bleibt, dann kann der Wert nur sinken.

Als die große Alternative werden von immer mehr Menschen die Kryptowährungen angepriesen. Dafür gibt es verschiedene Gründe, die Sie auf den folgenden Seiten noch im Detail kennenlernen werden. Beispielsweise sind Kryptowährungen durch die Blockchain-Technologie vollkommen dezentral und können von niemandem manipuliert oder kontrolliert werden. Weiters ist der Bitcoin als größte Kryptowährung de facto inflationsgeschützt, da nicht unendlich viele Coins hergestellt werden können. Dazu aber später mehr.

Bei all dieser Huldigung dürfen Sie aber keinesfalls die Probleme und Risiken der digitalen Währungen vergessen. Die Technologie ist erst wenige Jahre alt und entsprechend nicht vollkommen ausgereift. Darüber hinaus werden große Player

---

1 Die vielen Begriffe hier und auf den folgenden Seiten dieses Buches werden übrigens im Sachwortverzeichnis ganz hinten sehr einfach und verständlich erklärt.

wie Staaten und Großbanken natürlich versuchen, die Kontrolle über das Finanzsystem zu behalten. Entsprechend müssen früher oder später Regulierungen und in ganz krassen Fällen auch Verbote folgen. Ob sich dies bewahrheitet oder ob solche Verbote überhaupt durchführbar sind und halten können, das wird die Zeit zeigen.

Die meisten Interessierten (und wahrscheinlich auch Sie) sehen in Kryptowährungen aber lediglich eine Anlagemöglichkeit, die ihren frühen Investoren in der Vergangenheit enorme Gewinne beschert hatte. Gerade der zu Beginn dieser Einleitung angesprochene massive Anstieg des gesamten Marktes hat buchstäblich einige Menschen über Nacht reich gemacht. Die Chancen sind also historisch betrachtet extrem hoch.

Gleichzeitig stellt eine Investition in Kryptowährungen natürlich immer auch ein großes Risiko dar. Wer sich noch an den ersten *Bullenmarkt*[2] im Jahr 2017/18 erinnert, der weiß, was danach passiert ist. Innerhalb weniger Monate stieg damals der Preis eines Bitcoins auf knapp 20.000 US-Dollar. Danach folgte ein großer Zusammenbruch, der den Wert auf unter 3.000 US-Dollar drückte. Auch wenn der jüngste Anstieg definitiv nicht nur auf reiner Spekulation aufgebaut ist, so zeigt die Geschichte doch, dass es auch sehr, sehr schnell abwärts gehen kann.

Nur wenige Investoren hatten damals die Nerven, nicht zu verkaufen und ihre Bitcoins zu halten. Doch sie wurden belohnt, denn Ende 2020 stieg der Preis auf über 20.000 und im April auf über 60.000 Dollar.

2 Ein Bullenmarkt oder auch eine Hausse (frz.) steht an der Börse für anhaltend steigende Kurse

Mindestens ebenso spannend wie die historische Preisentwicklung ist auch die Technologie hinter Bitcoin und Co.[3]

Sehr oft hört man das Wort „Blockchain" im Zusammenhang mit Kryptowährungen. Doch was genau hat es eigentlich mit dieser „Kette von Blöcken" (engl. „Blockchain") auf sich und wie funktioniert das Ganze? Und vor allem: Kann etwas Derartiges überhaupt sicher genug sein, um eine eigene Währung wie etwa Bitcoin zu verwalten?

Nun, stark vereinfacht ausgedrückt ist eine Blockchain nichts Anderes als eine Datenbank. Man könnte sie sogar in einem Excel-Dokument darstellen. Es gibt aber zwei Besonderheiten:

» Zum einen kann man nur neue Daten hinzufügen, sie aber im Nachhinein nicht mehr abändern oder gar löschen.

» Zum anderen sind sämtliche Datensätze oder „Blöcke" miteinander verbunden bzw. „verkettet", daher der Name.

Durch diese beiden Eigenschaften ergibt sich eine praktische Unveränderbarkeit der Datenbank. Jeder neue Datensatz enthält am Ende einen „*Fingerabdruck*" vom vorherigen. Würde man nun einen Eintrag in der Mitte der Kette ändern oder entfernen wollen, so würde das entsprechend den nachfolgenden Datensatz beeinflussen, was wiederum den nächsten Block verändert und so weiter. Alleine dadurch wird so eine nachträgliche Änderung schon extrem schwierig und rechenaufwändig für einen Computer.

Vollkommen verhindert wird eine Beeinflussung der Blockchain erst durch ihren **dezentralen Charakter**. Eine klassische Datenbank wird auf einem Computer oder Server – also zentral – gespeichert. Der Eigentümer des Rechners kann sie nach

---

3 Ich wage hier einen kleinen Vorgriff, genauere Informationen und Beschreibungen finden Sie etwas weiter hinten im entsprechenden Kapitel.

Belieben jederzeit verändern. Die Blockchain allerdings läuft gleichzeitig auf mehreren Tausenden oder Millionen Computern weltweit, die über das Internet miteinander verbunden sind. Für eine nachträgliche Änderung der Kette bräuchte man die Zustimmung von über 50 % der Teilnehmer, was praktisch unmöglich ist.

Hier folgt eine kurze Erklärung der Funktionsweise dieses Systems am bekanntesten Beispiel einer Blockchain: dem Bitcoin-Netzwerk.

Möchte man eine Bitcoin-Transaktion tätigen, dann steht keine Bank oder andere Kontrollinstanz dazwischen wie beim klassischen Finanzsystem. Vielmehr agieren Millionen von Computern überall auf der Welt als Kontrolleure. Somit ist die Macht über dieses System auf das gesamte Netzwerk verteilt.

Für die Überprüfung der Richtigkeit jeder einzelnen Überweisung wird mithilfe von „*Spieltheorie*", „*Konsensalgorithmus*" und „*Kryptografie*" gesorgt. Dabei handelt es sich um komplizierte mathematische Operationen, die wiederum dezentral über das Netzwerk abgewickelt werden. Diese Themen werden wir (stark vereinfacht) weiter hinten im Kapitel „*Blockchain – Die Technologie hinter Bitcoin und Co.*" noch eingehender behandeln.

Nun aber genug von der Geschichte, Technologie und Zusammenfassung der Kryptowährungen. Da Sie noch immer weiterlesen, haben Sie die Absätze über Technik sowie Chancen und Risiken von Kryptowährungen wohl nicht abgeschreckt. Herzlichen Glückwunsch! Nicht alle Menschen sind so offen, sich diesen jungen Markt zumindest einmal anzusehen. Sehr oft wird das Ganze als schlechte Investition ohne Wert oder gar als Betrug abgestempelt, ohne überhaupt irgendwelche Hintergründe zu kennen.

Dieses Buch soll Sie dabei aber keinesfalls von Kryptowährungen überzeugen oder gar „missionieren“. Ich werde Ihnen möglichst sachlich sowohl die positiven als auch negativen Aspekte und Chancen wie Risiken aufzeigen. Zu Beginn knüpfe ich an der obigen Einführung an und werde die Geschichte noch etwas näher beleuchten. Danach sehen wir uns (sachlich) verschiedene bekannte Coins an und was dahinter steckt und beleuchten kurz die Technologie hinter den Kryptowährungen. Zum Abschluss des ersten Teils folgt eine grobe Einteilung dieser „Kryptos“ in verschiedene Gruppen und was man bei Coins allgemein beachten muss. Ganz wichtig dabei: Am Ende jedes Kapitels finden Sie einige Fragen, mit denen Sie selbst Ihr Verständnis prüfen können. Ich möchte Sie einladen, diese Möglichkeit zu nutzen und nicht einfach nur „drüber zu lesen“.

Im zweiten Abschnitt, dem Praxisteil, folgt eine praktische Anleitung zum Kaufen und Investieren in Kryptowährungen. Dabei werden wir auch einige Coins beispielhaft aus Sicht eines Investors analysieren und Sie lernen, was es dabei zu beachten gibt. Und ganz zum Schluss folgt noch eine Checkliste oder auch Anleitung mit den wichtigsten Schritten als Krypto-Neuling. Nutzen Sie am besten auch hier die Fragen am Ende jedes Kapitels, die Sie ganz einfach abhaken können.

Das Buch kann also in zwei Abschnitte geteilt werden: Theorie und Praxis. Auch wenn für Sie nur die Praxis interessant sein sollte, so empfehle ich Ihnen trotzdem, auch den Theorieteil zumindest einmal gründlich zu lesen. Eine Eigenschaft, die alle erfolgreichen Investoren besitzen, ist die folgende: **Sie wissen immer genau, worin sie investieren**.

Der Anspruch dieses Buches ist, dass Sie nach dem Lesen mehr über das Thema Kryptowährungen wissen als 95 % der Menschen. Und nebenbei werden Sie auch noch lernen, wie die Investition darin funktioniert und was es zu beachten gibt.

Noch eine kleine Anmerkung: Da das Thema der Kryptowährungen doch recht neuartig und insgesamt recht komplex ist, werde ich versuchen, alles möglichst einfach zu beschreiben. Sie werden im späteren Verlauf des Buches auf einige Querverweise auf vorherige Themen und kleinere Vorgriffe in spätere Kapitel stoßen. Leider ist es mir nicht anders möglich, die verschiedenen Aspekte anschaulich zu erklären, da alles stark ineinandergreift. Weiters hängt das Thema allgemein stark mit dem Internet an sich zusammen, weshalb auch im Deutschen diverse Anglizismen[4] verwendet werden. Ich werde alle Fachbegriffe bestmöglich erklären und einfache Definitionen verwenden. Dabei möchte ich Sie aber auch dazu aufrufen, immer wieder an die jeweils verwiesene Stelle zurück und eventuell sogar nach vorne zu blättern, wenn ein Thema für Sie noch nicht ganz verständlich ist. Spätestens beim zweiten Lesen des Buches wird alles für Sie klar werden. Versprochen! ;-)

ACHTUNG:

Auch wenn dieses Buch Sie definitiv über die Welt der Kryptowährungen aufklären wird, so stellt es trotzdem keine Anlageberatung dar und es kann natürlich keine Haftung für etwaige Verluste übernommen werden. Dieses Werk dient lediglich als Einführung und zur Vermittlung von Wissen und beinhaltet keine Empfehlung, in bestimmte Coins oder generell in Kryptowährungen zu investieren. Ich möchte Sie dringend anhalten, Ihre eigenen Analysen zu machen sowie einen professionellen Berater zu konsultieren und im Falle des Falles nur Geld zu investieren, auf das Sie langfristig verzichten können.

Jede Art der Investition stellt ein Risiko dar und kann im schlimmsten Fall zu Teil- oder sogar Totalverlusten führen.

4 Anglizismen sind "eingedeutschte" bzw. ursprünglich aus der englischen Sprache stammende Wörter wie etwa auch "Internet", "Computer" usw.

Vergangene Resultate stellen niemals einen Indikator für die Zukunft dar. Erinnern Sie sich an den starken Anstieg und darauf folgenden Crash im Jahr 2017/18 (aber vergessen Sie auch nicht den Bullenmarkt, den wir seitdem haben)!

Ihr
Thomas Artelsmair

Einführung und Theorie

Was sind Kryptowährungen?

Sucht man über Google oder andere Suchmaschinen nach dem Schlagwort „Kryptowährung", dann erhält man Millionen von Ergebnissen. Sieht man sich dabei die Definition von verschiedenen Webseiten an, dann hört sich das meist folgendermaßen an:

Kryptowährungen sind (...) ein digitales Zahlungsmittel, welches auf kryptografischen Werkzeugen basiert. Dies können beispielsweise Blockchains oder andere digitale Signaturen sein.[5]

Oder anders ausgedrückt:

Eine Kryptowährung (Kryptogeld) ist eine digitale Währung mit einem kryptografisch abgesicherten und dezentralen Zahlungssystem. Die technische Umsetzung basiert auf der Blockchain.[6]

Ähnlich sieht auch die Definition von Wikipedia aus:

---

5 Quelle: https://bwl-wissen.net/definition/kryptowaehrung

6 Quelle: https://www.rechnungswesen-verstehen.de/lexikon/kryptowaehrung.php

Kryptowährung, auch Kryptogeld, nennt man digitale Zahlungsmittel, die auf kryptografischen Werkzeugen wie Blockchains und digitalen Signaturen basieren. Als Zahlungssystem sollen sie unabhängig, verteilt und sicher sein. Sie sind keine Währungen im eigentlichen Sinne.[7]

Wenn es auch – je nach genauer Quelle – leicht unterschiedliche Definitionen des Terminus „Kryptowährung" gibt, so gibt es doch einige zentrale Gemeinsamkeiten:

Eine Kryptowährung ist digital und entsprechend nicht physisch vorhanden.

Das Thema „*Kryptografie*" wird später noch genau beleuchtet. Dabei handelt es sich im Prinzip um mathematische Computeroperationen, die den Kryptowährungen ihre Sicherheit geben sollen.

Die Schlagworte *unabhängig*, *verteilt* (oder auch „*dezentral*") und sicher sind ebenfalls sehr entscheidend und werden von vielen Krypto-Anhängern als klare Unterscheidungsmerkmale zu herkömmlichen Währungen betrachtet.

Ein Satz, den man dabei aber immer im Hinterkopf behalten sollte, ist folgender: Momentan wird keine Kryptowährung als offizielles Zahlungsmittel eines Staates anerkannt. Ob sich das zukünftig ändert, bleibt abzuwarten.[8]

---

7 Quelle: https://de.wikipedia.org/wiki/Kryptow%C3%A4hrung

8 In der Zwischenzeit hat sich hier tatsächlich etwas getan: Der zentralamerikanische Staat El Salvador hat ein Gesetz verabschiedet, demnach der Bitcoin mit 7. September 2021 als offizielles Zahlungsmittel eingeführt werden soll.

Prüfen Sie Ihr Verständnis:

Beantworten Sie diese Fragen für sich selbst und gehen Sie so sicher, das vorhergehende Kapitel wirklich verstanden zu haben. Überprüfen Sie anschließend Ihre Antworten anhand der nachfolgenden kleinen Zusammenfassung.

Sie haben alle Fragen richtig beantwortet? Glückwunsch, gehen Sie weiter zum nächsten Kapitel!

Sie haben eine oder mehrere Fragen nicht oder falsch beantwortet? In diesem Fall möchte ich Sie einladen, noch einmal zurückzugehen und das Kapitel zumindest zu überfliegen.

» Inwiefern unterscheiden sich (fast) alle Kryptowährungen von den herkömmlichen Devisen wie Euro, Dollar usw.?

» Wodurch erhalten Kryptowährungen ihre Sicherheit?

Das Wichtigste in Kürze:

- Kryptowährungen sind (inoffizielle) digitale Zahlungsmittel. Ihre wichtigsten Eigenschaften sind: Dezentralität, Unabhängigkeit und Sicherheit vor Manipulation und Fälschung.
- Diese angesprochenen Eigenschaften (und vor allem die Fälschungssicherheit) werden durch verschiedene komplexe mathematische Operationen und Computer-Algorithmen gewährleistet.

Geschichte und Hintergründe

Gehen wir einmal zurück bis ganz an den Anfang. Die Entstehung der Kryptowährungen geht Hand in Hand mit jener des Bitcoins. Als erste digitale Währung hat er auch die dahinterliegende Blockchain-Technologie begründet.

Bereits in der Zeit des großen Internet- und Technologiebooms Ende der 1990er-Jahre wurde versucht, eine vollkommen digitale Währung samt zugehörigem Zahlungssystem zu erschaffen. Aufgrund vielfältiger Gründe (unter anderem finanzielle Probleme der Entwickler oder teilweise auch betrügerische Absichten) hat sich aber keines dieser Projekte durchgesetzt. Auch die sehr begrenzte Rechenleistung der damaligen Computer hat die Entwicklung beeinträchtigt.

Wichtig zu beachten: Keines dieser frühen Systeme hatte einen *dezentralen*[9] Ansatz, wie er bei den meisten heutigen Kryptowährungen Verwendung findet.

Es dauerte noch etwa zehn Jahre, bis das erste funktionierende Konzept vorgestellt wurde. Im Jahr 2008 veröffentlichte eine bis heute unbekannte Person oder Gruppe unter dem Namen „Satoshi Nakamoto" in einem Online-Forum für Kryptografie und Digitalisierung ein Dokument namens „*Bitcoin: A Peer-to-Peer Electronic Cash System*"[10], das die Funktionsweise der ersten richtigen Digitalwährung beschrieb. Die Idee wurde von einigen privaten und ebenfalls unbekannten Entwicklern und Programmierern des Forums aufgegriffen und weiterentwickelt. Einige Monate später im Januar 2009, veröffentlichte Nakamoto die Software für das Bitcoin-Netzwerk, welches einige Tage danach online ging.

---

9 „Dezentral" bedeutet in etwa „nicht von einer zentralen Autorität abhängig". Mehr dazu später.

10 Engl. etwa "Bitcoin: Ein dezentrales (bzw. direktes) elektronisches Geldsystem".

Übrigens ist bis heute nicht geklärt, wer oder was sich hinter dem Pseudonym „Satoshi Nakamoto“ verbirgt. Mehrere Gruppen und Einzelpersonen haben den Titel des Bitcoin-Erfinders bislang beansprucht, doch niemand konnte dies belegen. Theorien gibt es aber viele. Interessant: Nakamoto wurde 2015 sogar für den Wirtschaftsnobelpreis vorgeschlagen. Dies scheiterte aber an einer Regelung des Preises, wonach nur eine natürliche Person ausgezeichnet werden kann, nicht aber ein Pseudonym.

Interessanterweise fällt die Schaffung von Bitcoin genau in die Zeit der Weltwirtschaftskrise von 2008. Der damalige Crash hat das Vertrauen der Menschen in die Banken jedenfalls stark beeinträchtigt und so eventuell sogar zur Entwicklung der „Alternative Bitcoin“ beigetragen. Diese Theorie ist jedoch nicht eindeutig belegt.

Anfangs wurde die Kryptowährung mangels eines Handelsplatzes nur von den Forenmitgliedern untereinander getauscht. Der erste Umrechnungskurs lag bei 0,07 US-Dollar und wurde anhand der Kosten für die Erzeugung der Bitcoins errechnet. Der erste richtige Kauf eines physischen Gutes mit der Digitalwährung fand im Mai 2010 statt: 10.000 Bitcoins wurden damals in den USA für zwei Pizzen eingetauscht. Betrachtet man den heutigen Wert der Kryptowährung, dann erscheinen diese Zahlenwerte schon fast unrealistisch.

Einen weiteren Meilenstein stellte die erste richtige Börse für Kryptowährungen namens „Mt. Gox“ dar, die ursprünglich als ein Umschlagplatz für das Online-Kartenspiel „Magic – The Gathering Online“ entwickelt wurde. Der Betreiber stieß einige Zeit nach der Veröffentlichung des Konzeptes auf Bitcoin und baute die Webseite zu einer Exchange[11] für die Kryptowährung um. Im Jahr 2014 wurde die Seite von unbekannten Hackern

11 Engl. "Exchange" beschreibt einen (Online-) Handelsplatz, meist für Kryptowährungen.

geknackt und 750.000 Bitcoins entwendet. Damals entsprach dies einem Gegenwert von etwa 850 Mio. US-Dollar. Darauf folgten diverse Anklagen gegen die Betreiber der Börse und wenig später ihre Schließung. Diese Ereignisse führten außerdem dazu, dass der Preis von Bitcoin innerhalb kurzer Zeit um knapp 40 % einbrach. Die zweite je gegründete Exchange existiert aber noch heute: Coinbase wurde im Jahr 2012 eröffnet. Das Unternehmen ist bis heute aktiv und zählt zu den größten Tauschplätzen für Kryptowährungen. Im April 2021 ging es sogar an die New Yorker Börse!

Große Bekanntheit erlangten die Kryptowährungen erst in den Jahren 2015 - 2017. In dieser Zeit stieg der Kurs von Bitcoin rasant auf 20.000 Dollar, nur um wenig später massiv einzubrechen, als die damalige Blase platzte. Über die historische Kursentwicklung von Bitcoin und anderen Coins werden Sie aber in einem späteren Teil des Buches noch lesen.

Im Jahr 2011 folgte mit dem sogenannten *Litecoin* die zweite Digitalwährung. *Ripple* und *Dogecoin* folgten im Jahr 2013 und *Ethereum* 2015, um nur die Wichtigsten zu nennen. Mittlerweile gibt es tausende Kryptowährungen. Alleine auf *coinmarketcap.com*, der wahrscheinlich wichtigsten Nachrichten- und Kursverfolgungswebseite für Kryptos, sind zum momentanen Zeitpunkt über 9.000 verschiedene Coins gelistet – Tendenz stark steigend. Davon verfügen aber nur die wenigsten über ein nennenswertes Handelsvolumen[12].

Vor allem auch *Ethereum*, die aktuell zweitgrößte Kryptowährung, ist aus historischer Sicht interessant. Sie ermöglichte es nämlich erstmals, auch andere Coins und Projekte über ihre Blockchain laufen zu lassen. Da die Konzipierung eines eigenen Netzwerkes extrem aufwendig ist und sich dieses auch

12 Als "Handelsvolumen" versteht man den Umsatz der in einem bestimmten Zeitraum an einer oder mehreren Börsen gehandelten Finanzprodukte (hier Kryptowährungen).

erst einmal durchsetzen muss, ebnete Ethereum somit den Weg für viele weitere Projekte, die in ihrer Anfangszeit auf eine bestehende Infrastruktur angewiesen waren. Mittlerweile bieten auch weitere Blockchains diese Dienstleistung an, unter anderem das Netzwerk der aktuell größten und wichtigsten Exchange Binance.

Dieser Absatz hat Sie als „Neuling" in der Krypto-Welt jetzt vielleicht etwas verwirrt. Ich muss zugeben, hier habe ich schon etwas vorgegriffen und auf Dinge verwiesen, die Sie in einem späteren Kapitel erst noch kennenlernen werden. Haben Sie also keine Angst, wenn Sie das Thema noch nicht vollkommen verstehen. Ich werde den Sachverhalt noch genau beschreiben und am Ende wird alles Sinn ergeben.

Prüfen Sie Ihr Verständnis:

Beantworten Sie diese Fragen für sich selbst und gehen Sie so sicher, das vorhergehende Kapitel wirklich verstanden zu haben. Überprüfen Sie anschließend Ihre Antworten anhand der nachfolgenden kleinen Zusammenfassung.

Sie haben alle Fragen richtig beantwortet? Glückwunsch, gehen Sie weiter zum nächsten Kapitel!

Sie haben eine oder mehrere Fragen nicht oder falsch beantwortet? In diesem Fall möchte ich Sie einladen, noch einmal zurückzugehen und das Kapitel zumindest zu überfliegen.

» In welchem Jahr wurde die erste richtige Kryptowährung erschaffen und wie heißt diese?

» In welche Richtung zeigt der grobe Trend der Kryptowährungen allgemein: Steigen oder fallen sie eher? Begründen Sie Ihre Antwort!

Das Wichtigste in Kürze:

» Die Entstehung der Kryptowährungen geht zurück in die 1990er-Jahre. Damals gab es erste Versuche, ein dezentrales und über das Internet abgewickelte Geldsystem zu erschaffen, jedoch scheiterten all diese Projekte.

» Erst im Jahr 2008 wurde – während der weltweiten Finanzkrise – das erste funktionierende System dieser Art von einem unbekannten Entwickler vorgestellt: Bitcoin war geboren.

» Bevor mit „Mt. Gox" der erste Handelsplatz online ging, konnten Bitcoins nur von Nutzer zu Nutzer direkt versendet werden. Der erste richtige Umrechnungskurs lag bei 0,07 USD pro BTC.

» In den Jahren seit 2011 folgten weitere Kryptowährungen (Litecoin, Dogecoin, Ripple, Ethereum, ...) und mittlerweile geht die Zahl der verschiedenen Coins in die Zehntausenden.

» In der Geschichte der digitalen Devisen gab es immer wieder starke Kursanstiege, gefolgt von mindestens ebenso rasanten Einbrüchen, dennoch zeigt der langfristige Trend klar nach oben.

Wie bildet sich der Preis einer Kryptowährung und was beeinflusst ihn?

Sie haben in der Einleitung bereits mehrmals von extremen Kursanstiegen, aber auch großen Einbrüchen von Bitcoin und Co. gelesen. Zusammengefasst ist der Kurs von Bitcoin als bekanntestes Beispiel über die Jahre von ursprünglich 0,07 US-Dollar auf aktuell über 60.000 Dollar angestiegen, hatte aber dazwischen auch immer wieder starke Korrekturen wie im Jahr 2017/18, als der Preis innerhalb weniger Wochen von 20.000 Dollar auf etwa 3.000 Dollar sank. Sehr ähnlich sieht die Vergangenheit all der anderen Coins aus. Doch wie bildet sich eigentlich ein genauer Preis für beispielsweise 1 BTC (= Bitcoin)?

Grundlegend funktioniert die Preisbildung bei Kryptowährungen genau gleich wie bei allen anderen (physischen und auch digitalen) Gütern: durch Angebot und Nachfrage. Die Grundgesetze der Wirtschaftswissenschaften gelten also auch für Bitcoin und Co. Wenn eine Ware knapp ist, sie aber jeder haben möchte (geringes Angebot, hohe Nachfrage), dann wird ihr Preis steigen. Ist ein Gut im Gegensatz dazu im Überfluss vorhanden und gibt es gleichzeitig nur wenige, die es kaufen möchten, dann erzielt es nur einen geringen Preis.

Um dies zu verdeutlichen, gehen wir gedanklich auf einen Bauern- oder Wochenmarkt. Stellen Sie sich vor, Sie möchten Tomaten kaufen und es gibt nur einen einzigen Bauern, der das Gemüse im Angebot hat. Mangels einer Alternative müssen Sie also zu seinem Preis von 3 € pro kg kaufen. Nun kommen immer mehr Menschen, die ebenfalls Tomaten brauchen und natürlich auch nur bei dem einen Bauern kaufen können. Die Nachfrage steigt also immer weiter an, das Angebot sinkt aber gleichzeitig, weil unser Händler natürlich nicht unendlich viele Tomaten verkaufen kann. Irgendwann kommt ihm folgender Gedankengang: „Jetzt habe ich nur noch wenige Tomaten übrig, aber es kommen immer mehr Kunden. Wieso erhöhe ich nicht meinen Preis?“ Daraufhin verkündet er, dass die Tomaten von nun an 4 € pro kg kosten. Die Menschen sind entsprechend etwas verärgert und einige beschließen, heute gar keine Tomaten zu kaufen. Wenn die Nachfrage aber groß genug bleibt oder sogar noch ansteigen sollte, dann wird der Bauer den Preis immer weiter erhöhen, bis nur noch wenige Kunden übrig sind. Irgendwann ist der Preis so hoch, dass der Händler keinen Käufer mehr findet. Entsprechend wird er seinen Preis etwas reduzieren, bis wieder Kunden kommen und bei ihm kaufen. Irgendwann hat sich das ganze Spiel dann etwas stabilisiert und ein Durchschnittspreis gebildet.

Das ist natürlich eine stark vereinfachte Analogie, die Grundlagen werden aber sehr gut beschrieben. Die Realität ist dabei komplizierter, weil es mehrere Verkäufer und sogar mehrere verschiedene Wochenmärkte (oder bei Kryptowährungen eben Börsen) gibt.

Verändern wir unser Beispiel also etwas: Statt einem einzigen Bauern gibt es nun zwei, die Tomaten im Angebot haben. Bei Händler A müssen Sie für 1 kg Tomaten 3 € bezahlen, bei Händler B hingegen nur 2 €. Natürlich kaufen Sie Ihre Tomaten bei Letzterem. Weitere Käufer tun es Ihnen gleich. Beim günstigeren Anbieter steigt nun die Nachfrage und er verdoppelt den Preis kurzerhand auf ganze 4 € pro kg Tomaten. Das geht eine Zeit lang gut, kurz darauf erinnern sich die Kunden aber an Händler A, der nun mit seinem Preis von 3 € der günstigere ist. Nach und nach laufen die Käufer also zurück zu diesem, bei dem dadurch wiederum die Nachfrage steigt, wohingegen Händler B immer mehr Kunden verliert. Letzterer muss nun seinen Preis wieder nach unten hin anpassen, damit er nicht noch den letzten Rest der Käufer verliert. Zeitgleich überlegt Händler A schon, ob er nicht den Preis erhöhen soll. Irgendwann wird sich der Preis einigermaßen stabilisieren und beide Händler werden in etwa gleich viel Geld für ihre Tomaten verlangen. Bei diesem Beispiel wird natürlich vorausgesetzt, dass die Qualität der Tomaten bei beiden Bauern genau gleich ist und es auch sonst keine Unterschiede gibt.

Ähnlich sieht das ganze Spiel aus, wenn man mehrere Wochenmärkte einbezieht. Im Nordteil der Stadt liegt der Durchschnittspreis für 1 kg Tomaten bei 2 €, am südlichen Markt bezahlt man 4 €. Nun erfahren das einige Menschen und gehen natürlich zum günstigeren Handelsplatz, um ihr Gemüse zu kaufen. Dort steigt der Preis, wohingegen er im Südteil der Stadt sinken wird. Irgendwann haben sich auch diese Unterschiede einigermaßen ausgeglichen und die Tomaten kosten wieder ungefähr gleich viel.

Kommen wir zurück zu unseren Kryptowährungen. Hier funktioniert die Preisbildung genau gleich wie bei den Tomaten! Lesen Sie die ganze Geschichte doch einfach noch einmal und ersetzen Sie die folgenden Wörter:

» „1 kg Tomaten“ wird beispielsweise zu 1 St. Bitcoin (oder einer anderen Digitalwährung)

» Bauern/Händler werden ganz allgemein zu „Verkäufern“ und Kunden zu „Käufern“. Dabei ist wichtig, dass jeder normale Nutzer sowohl als Käufer als auch Verkäufer auftreten kann. Es gibt also keine „offiziellen Händler“ wie im Beispiel die Gemüsebauern. Vielmehr ist jeder Marktteilnehmer als „Händler“ anzusehen.

» Den Wochenmarkt nennen wir „Börse“ oder auf Englisch auch „Exchange“.

» Den Preis kann man allgemein auch als „Kurs“ bezeichnen.

Zusammengefasst kann man also sagen:

Gibt es viele Menschen, die eine Kryptowährung kaufen wollen, aber nur wenige Verkäufer, dann wird der Preis steigen. Gibt es hingegen kaum Käufer, aber alle wollen ihre Bestände loswerden, dann sinkt der Preis.

Je größer der Unterschied der Anzahl von *Bullen und Bären*[13] ist, desto stärker die zugehörige Kursbewegung. So sind auch die mitunter extremen Preisbewegungen von Bitcoin und Co. zu erklären. Wenn von heute auf morgen sehr viele Menschen plötzlich eine Kryptowährung kaufen möchten, dann kann der Kurs in kurzer Zeit enorm steigen und sich sogar vervielfachen. Umgekehrt können Preise ebenso stark einbrechen, wenn plötzlich jeder seine Coins verkaufen möchte, es aber nur verhältnismäßig wenige Käufer gibt.

Gibt es eine besonders starke und unter Umständen auch langanhaltende Aufwärtsbewegung, dann spricht man von einem „*Hype*". Eine solche Marktsituation tritt auf, wenn besonders viel Gier unter den Anlegern herrscht. Jeder möchte noch schnell aufspringen und von den Kurssteigerungen profitieren. Dadurch gibt es extrem viele Käufer, die bereit sind, zu nahezu jedem beliebigen Preis zu kaufen. Irgendwann geht den Bullen aber die Luft aus und die Verkäufer gewinnen die Oberhand.

Dann kann das ganze Spiel sehr schnell im Gegenteil eines *Hypes* enden, nämlich einem sogenannten „*Crash*". Ein solcher Zusammenbruch tritt auf, wenn die Angst den Markt regiert und jeder unbedingt noch verkaufen möchte, um Verluste zu verhindern oder zumindest zu minimieren. Solche Zyklen gibt

---

13 Diese Begriffe stammen aus der Börsensprache. Bullen = Käufer, Bären = Verkäufer

es dabei nicht nur bei Kryptowährungen, sondern auch an den Aktienmärkten, bei Gold, Silber usw.[14]

Steigt oder sinkt der Kurs in wenigen Stunden oder Minuten mitunter sehr stark, dann kann dahinter auch ein bestimmtes Ereignis (oder mehrere) liegen, das den gesamten Markt oder nur eine einzige Digitalwährung betrifft. Die wichtigsten Einflussfaktoren neben Angebot und Nachfrage werde ich hier kurz beschreiben:

Politische und wirtschaftliche Entscheidungen/ Nachrichten

Hier zeigen sich wie so oft die Parallelen zwischen Aktien- und Kryptomarkt. Vor allem beachtet werden sollten hier Nachrichten aus den USA und Asien, wohingegen Europa nur eine untergeordnete Rolle spielt. Die USA geben natürlich als nach wie vor größte Volkswirtschaft den Weg vor und haben den größten wirtschaftlichen Einfluss. Der asiatische Raum ist deshalb so interessant, weil Kryptowährungen hier weitaus weiter verbreitet sind als in Amerika und noch viel mehr als in Europa. Außerdem befinden sich Länder wie Indien und China unter jenen mit dem größten Wirtschaftswachstum.

Es gibt zahlreiche Nachrichten und Meldungen, die große wirtschaftliche Auswirkungen haben können und es ist oftmals sehr schwer zu sagen, ob sie den Markt sinken oder steigen lassen. Dazu zählen einerseits angekündigte Meldungen wie die Veröffentlichung von Arbeitslosenzahlen oder Leitzins-Entscheidungen. Andererseits gibt es auch immer wieder unvorhergesehene Schlagzeilen. Ein gutes Beispiel ist hier die Meldung über

---

14 Einer der ersten dokumentierten Hypes mit anschließendem Crash trat bereits im 16. Jahrhundert in den Niederlanden auf: die sogenannte "Tulpenmanie". Statt Aktien oder Coins ging es damals um Tulpenzwiebeln, von denen einige Arten kurzzeitig wertvoller waren als ganze Häuser.

die Coronakrise Anfang März 2020. Bezogen auf den Kryptomarkt hatte diese den folgenden Einfluss: Innerhalb weniger Wochen sank der Preis eines Bitcoins von knapp 10.000 USD auf unter 4.000 USD. Im Spätsommer folgte aber eine Umkehr und der aktuelle Bullenmarkt[15] startete.

Kommen wir zu politischen Entscheidungen speziell betreffend Kryptowährungen. Da es sich um einen noch weitgehend unregulierten Markt handelt, wird hier in den kommenden Monaten und Jahren bestimmt noch einiges auf uns zukommen. Entscheidet die USA beispielsweise, den Markt stärker kontrollieren zu wollen oder Ähnliches, dann hat dies logischerweise einen stark negativen Einfluss und wird die Kurse sinken lassen.

Über politische und wirtschaftliche Themen könnte man wahrscheinlich ein ganzes Buch schreiben, wir belassen es aber hierbei, da ich nur das Prinzip beschreiben möchte.

Hackerangriffe

Zu Anfang sei gleich einmal gesagt: Das Bitcoin-Netzwerk bzw. die dahinterliegende Blockchain zu hacken, ist praktisch nicht möglich. Was aber möglich und auch schon mehrmals passiert ist, sind Angriffe auf einzelne oder mehrere Kryptobörsen. Je größer und wichtiger die Exchange, desto stärker der Einfluss auf den Markt. Siehe hierzu auch das Beispiel von „Mt. Gox“ aus dem vorherigen Kapitel. Nach dem erfolgreichen Angriff wurden tausende Bitcoins entwendet und der Kurs brach um knapp 40 % ein.

15 Ein Bullenmarkt beschreibt einen (mehr oder weniger) stark steigenden Markt. Dazwischen kann es auch kleinere "Korrekturen" (bzw. Rücksetzer) geben, die gesamte Trendrichtung zeigt aber nach oben. Genau umgekehrt sieht es bei einem sogenannten "Bärenmarkt" aus, welcher durch fallende Kurse kennzeichnet wird.

Dazu muss ergänzend erwähnt werden, dass die Sicherheitsvorkehrungen der wichtigsten Börsen mittlerweile vergleichbar mit jenen von großen Banken sind. Somit werden (erfolgreiche) Hackerangriffe immer unwahrscheinlicher, bleiben aber dennoch ein beachtenswertes Thema.

Meldungen über Implementierung von Kryptos

Je mehr User es allgemein von Kryptowährungen oder bezogen auf einzelne Coins gibt, desto mehr steigen die Nachfrage und folglich der Preis. Wenn also vor allem große Player wie Finanzinstitute, Großinvestoren und Fonds bekannt geben, zukünftig mit digitalen Währungen zu handeln oder darin zu investieren, dann wirkt sich das stark positiv auf die Kurse aus.

Beispiele hierfür aus der jüngsten Zeit gibt es viele, wie die Meldung des großen Online-Bezahldienstes PayPal, ihren Nutzern die Bezahlung mit wichtigen Coins zu ermöglichen oder auch den Kreditkartenherausgeber Visa, der zukünftig stärker in die Kryptoszene eintauchen möchte.

Auch Einzelpersonen wie Politiker und andere Prominente haben in der Vergangenheit einen starken Einfluss auf Bitcoin und Co. ausgeübt. Das bekannteste Beispiel hier ist der Tesla-Chef Elon Musk, der mit seinen Twitter-Nachrichten schon mehrmals den Kurs stark beeinflusst hat.

Meldungen wichtiger Exchanges

Vor allem, wenn man sich einzelne und aufstrebende neue Kryptowährungen ansieht, können die großen Tauschbörsen einen erheblichen Einfluss ausüben. Wird eine neue Kryptowährung auf einer wichtigen Exchange zum Handel angeboten, dann hat dies einen stark positiven Einfluss auf den Preis des Coins, da seine Zugänglichkeit steigt.

Kurz noch zum Thema Exchange bzw. Kryptobörse: Wie viele Börsen es da draußen insgesamt gibt, lässt sich leider nur schwer sagen. Die Anzahl wird wahrscheinlich in die Hunderte gehen. Die allermeisten davon sind aber nicht wirklich relevant und weisen nur ein sehr geringes Handelsvolumen auf.

Langfristige Faktoren wie Implementierung und Updates

Den größten und vor allem einen langanhaltenden Einfluss auf den Kurs einer Kryptowährung oder des gesamten Marktes haben selbstverständlich eine steigende Implementierung und stetig wachsende Nutzerzahlen. Wir erinnern uns an das Grundgesetz von Angebot und Nachfrage.

Weiters gibt es immer wieder Updates und Verbesserungen der Programmcodes sowie der Technologie bestimmter Coins. Wie Sie sich denken können, wirken sich derartige Optimierungen grundsätzlich positiv auf die Kurse aus. Hinter vielen Coins stecken auch einzelne Firmen oder Entwicklerteams. Halten diese nun eine Pressekonferenz oder dergleichen ab, dann hat natürlich auch das einen Einfluss auf den Kurs der jeweiligen Kryptowährung.

Parallelen zu Gold

Nur kurz ansprechen möchte ich die Parallelen zwischen Gold und Bitcoin. Gold wird seit Jahrhunderten grundsätzlich als „sicherer Hafen“ und Alternative zum Papiergeld und anderen Investments wie Aktien angesehen. Wann immer die Unsicherheiten in der Wirtschaft anstiegen, hat sich dies (nach einem kurzen Schock) langfristig positiv für den Goldpreis ausgeübt. Sinkt das Vertrauen der Bevölkerung in die Ökonomie und folglich in das Geldsystem, dann fließt das Kapital also tendenziell in Edelmetalle.

Kryptowährungen haben in den letzten Jahren (und vor allem seit der Coronakrise) ebenfalls immer mehr den Ruf einer „Alternative“ zum konventionellen Finanzsystem erhalten und ihre Stärken in Zeiten der wirtschaftlichen Unsicherheit gezeigt.

Prüfen Sie Ihr Verständnis:

Beantworten Sie diese Fragen für sich selbst und gehen Sie so sicher, das vorhergehende Kapitel wirklich verstanden zu haben. Überprüfen Sie anschließend Ihre Antworten anhand der nachfolgenden kleinen Zusammenfassung.

Sie haben alle Fragen richtig beantwortet? Glückwunsch, gehen Sie weiter zum nächsten Kapitel!

Sie haben eine oder mehrere Fragen nicht oder falsch beantwortet? In diesem Fall möchte ich Sie einladen, noch einmal zurückzugehen und das Kapitel zumindest zu überfliegen.

» Wie funktioniert (grob) die Preisbildung und -Veränderung von Kryptowährungen?

» Welche Faktoren können sonst noch den Kurs beeinflussen und warum?

» Welchem Anlagegut ähneln Kryptowährungen und besonders Bitcoin und warum?

Das Wichtigste in Kürze:

- Ähnlich dem Aktienmarkt bildet sich der Preis einer Kryptowährung grundsätzlich durch Angebot und Nachfrage. Gibt es viele Menschen, die einen Coin kaufen wollen, aber nur wenige Verkäufer, dann wird der Kurs steigen. Gibt es hingegen kaum Käufer, aber alle wollen ihre Bestände loswerden, dann sinkt der Preis.
- Daneben beeinflussen aber noch viele weitere Faktoren und Meldungen den Kurs kurz- wie auch langfristig. Dazu zählen unter anderem: politische und wirtschaftliche Nachrichten einiger Länder, Meldungen großer Krypto-Handelsplätze (sog. *Exchanges*), Hackerangriffe auf diese Börsen und natürlich die langfristige Implementierung von Kryptowährungen.
- Interessanterweise ähneln Digitalwährungen und vor allem der Bitcoin dem altbekannten Edelmetall Gold in der Hinsicht, dass beide oft als „Alternative zum herkömmlichen Wirtschafts- und Finanzsystem“ gesehen werden und ihre Stärken in wirtschaftlich unsicheren Zeiten zeigen (wie auch während der Coronakrise im Jahr 2020 und Anfang 2021).

Welche Kryptowährungen gibt es?

Wenn auch sehr interessant, so ist diese Frage doch nur schwer zu beantworten und der Versuch würde wohl ganze Bücher füllen. Wie Sie schon gelesen haben, gibt es zum Zeitpunkt des Schreibens dieses Buches nahezu 10.000 verschiedene Coins und Token, welche alleine auf *coinmarketcap.com* gelistet sind. Die Dunkelziffer an nicht gelisteten Kryptowährungen dürfte in die Zehntausende gehen. Diese Masse an digitalen Coins ist einfach viel zu groß, als dass man hier eine plakative Antwort geben könnte.

Jetzt fragen Sie sich eventuell, wie und warum so eine Masse von verschiedensten Kryptowährungen überhaupt entstanden ist. Vergleichen wir doch den Markt der Kryptowährungen mit jenem der öffentlich gehandelten Unternehmen (= Aktien-Unternehmen). Hier sprechen wir weltweit nicht von Tausenden, sondern klar von Millionen von verschiedenen Firmen und entsprechend auch Aktien. Fragen Sie sich dazu doch auch einmal selbst: Wie sind die überhaupt entstanden und warum sind es so viele?

Dazu sei noch gesagt, dass von diesen abertausenden Coins nur die allerwenigsten eine wirkliche Bedeutung haben. Gerade unter den ganz kleinen und unbekannten digitalen Währungen gibt es überdies viele schwarze Schafe, hinter denen betrügerische Absichten stecken. Den Durchbruch zur bedeutenden Kryptowährung schaffen freilich nur die wenigsten.

Sie sehen also hoffentlich selbst, dass eine detaillierte Beschreibung nur sehr schwierig ist. Es gibt aber mehrere Möglichkeiten, die verschiedenen Coins zu kategorisieren.

Und keine Sorge: Weiter hinten werde ich noch eine Übersicht über die größten und wichtigsten Kryptowährungen geben und diese auch eingehender beschreiben. ;-)

Bitcoin und die vielen Altcoins

Sie wissen mittlerweile, dass der Bitcoin den Grundstein für den kompletten Kryptomarkt gelegt hat und die erste (und für eine relativ lange Zeit einzige) funktionierende Digitalwährung war. Er ist der mit Abstand prominenteste Vertreter der Branche und sehr oft wird sein Name als Synonym für Kryptowährungen allgemein verwendet. Entsprechend hoch ist sein Einfluss oder gar seine „Dominanz" über den restlichen Markt. Das geht sogar so weit, dass auf der Startseite von *coinmarketcap.com* direkt die momentane „Bitcoin-Dominanz" angezeigt wird. Dabei handelt es sich um den Anteil, den Bitcoin aktuell am gesamten Markt aller gelisteten Coins und Token besitzt. Zum Zeitpunkt des Schreibens dieses Buches liegt diese Dominanz bei etwa 40 – 50 %. Das bedeutet ganz einfach, dass von der Marktkapitalisierung aller gelisteten Kryptowährungen die Hälfte auf den Bitcoin entfällt[16].

Der Bitcoin gilt also als „*Leitwährung*" für den gesamten Markt[17]. So wird die erste Digitalwährung auch gerne als Referenz für viele andere Coins oder gar für den gesamten Markt herangezogen. Vergleichen Sie dazu gerne auch einmal die Preisverläufe von Bitcoin und Co. Immer dann, wenn der Bitcoin steigt oder fällt, tut es ihm der restliche Markt generell gleich. Sehr oft sind die Kursbewegungen der anderen Kryptowährungen stärker ausgeprägt, gehen aber in die gleiche Richtung.

---

16 Dies stellt sogar den niedrigsten Wert seit Monaten dar! In den letzten Jahren bewegte sich die Bitcoin-Dominanz im Bereich von 50-80 %.

17 Ähnlich verhält es sich mit dem Dollar und den Fiat-Währungen wie Euro, Pfund usw. Der Dollar stellt hier aktuell auch noch die weltweite Leitwährung dar.

Aufgrund dieses überwältigenden Einflusses von Bitcoin können Kryptowährungen ganz grob in zwei Gruppen eingeteilt werden: Bitcoin und die große Zahl der „*Altcoins*"[18].

Spricht man also von einem Altcoin, dann kann damit jede Kryptowährung gemeint sein, außer Bitcoin. Dabei ist es grundsätzlich egal, ob es um eine doch recht große Digitalwährung wie Cardano geht oder einen gänzlich unbekannten Coin, alle zählen zur großen Gruppe der Altcoins.

Diese Einteilung kommt noch aus der Anfangszeit der Kryptowährungen. Bitcoin war nun einmal als Erster da und eine relativ lange Zeit gab es gar nur ihn. Als dann die nächsten Coins entwickelt wurden, fasste man diese ganz salopp in der Gruppe der Altcoins zusammen.

Aufgrund dieser doch sehr groben Kategorisierung unterscheiden sich die Eigenschaften der vielen Bitcoin-Alternativen mitunter sehr stark. Das ist irgendwo auch logisch, denn ein Coin mit großer Marktkapitalisierung, der schon seit Jahren am Markt und entsprechend etabliert ist, verhält sich nun einmal anders als ein kleines, junges Projekt, das noch gänzlich unbekannt ist. Wie bereits erwähnt, kann aber generell beobachtet werden, dass die Altcoins dem Bitcoin „hinterherlaufen", sich also in die gleiche Richtung bewegen. Befindet sich der Bitcoin in einem Bullenmarkt, dann steigen meistens auch viele andere Coins, nur eben oft stärker.

Zur Klassifizierung „**Bitcoin – Altcoin**" gibt es seit Kurzem noch eine kleine Ergänzung: Ethereum wird aufgrund seiner Größe und Wichtigkeit für die Branche oft schon als eigene „Gruppe" gesehen. Auf *coinmarketcap.com* wird neben der bereits erwähnten Bitcoin-Dominanz auch die *Ethereum-Dominanz*

18 Der Name ist eine Zusammenfügung der Worte "Alternative" und "Coin". Gemeint sind Coins als Alternative zum Bitcoin.

angezeigt. Diese liegt aktuell bei ca. 15 %. Zählt man die beiden größten Digitalwährungen nun zusammen, dann ergibt sich eine Dominanz von über 66 %, also zwei Dritteln! Das übrige Drittel teilt sich dann auf die restlichen 10.000+ Kryptowährungen auf.

Prüfen Sie Ihr Verständnis:

Beantworten Sie diese Fragen für sich selbst und gehen Sie so sicher, das vorhergehende Kapitel wirklich verstanden zu haben. Überprüfen Sie anschließend Ihre Antworten anhand der nachfolgenden kleinen Zusammenfassung.

Sie haben alle Fragen richtig beantwortet? Glückwunsch, gehen Sie weiter zum nächsten Kapitel!

Sie haben eine oder mehrere Fragen nicht oder falsch beantwortet? In diesem Fall möchte ich Sie einladen, noch einmal zurückzugehen und das Kapitel zumindest zu überfliegen.

» Welche ist die größte und wichtigste Kryptowährung und welchen Einfluss hat diese auf den Gesamtmarkt?

» Wie nennt man den Anteil dieser größten Kryptowährung am Gesamtmarkt und wie hoch war dieser Anteil in der Vergangenheit (grober Bereich)?

» In welche zwei Gruppen können Kryptowährungen ganz grob eingeteilt werden?

Das Wichtigste in Kürze:

» Der Bitcoin ist die mit großem Abstand größte Kryptowährung und gibt die Richtung für den kompletten Markt vor. Befindet er sich im Aufwärtstrend, dann ziehen meist auch die anderen Coins nach.

» Die „Dominanz“, die der Bitcoin über den Gesamtmarkt besitzt, ist so groß, dass der Begriff der „*Bitcoin-Dominanz*“ eingeführt wurde. Diese Prozentzahl gibt an, welchen Anteil die Marktkapitalisierung von Bitcoin am gesamten Kryptomarkt besitzt (meist liegt sie zwischen 50 und 80 %).

» Im einfachsten Sinne gibt es zwei Arten von Kryptowährungen: Bitcoin und *Altcoins* (= alternative Coins). Nach dieser Kategorisierung gibt es also den Bitcoin und „all die anderen“.

Coin vs. Token

Bleiben wir gleich bei Ethereum. Im Kapitel „*Geschichte und Hintergründe*“ haben Sie schon vom zweitgrößten Coin und seiner „Dienstleistung“ für andere Kryptowährungen gehört. Dieses Thema werden wir hier nun noch einmal vertiefen und den Unterschied zwischen „richtigen“ Coins und den sogenannten *Token*[19] erörtern.

Im Jahr 2015 ging die Kryptowährung Ethereum (auch Ether genannt) an den Markt. Obwohl sie nicht die chronologisch zweite Digitalwährung war, stieg sie rasch zum zweitwichtigsten Coin hinter Bitcoin auf. Das lag vor allem an der bahnbrechenden Technologie ihrer Infrastruktur. Die Ethereum-Blockchain ermöglichte es nämlich erstmals, auch anderweitige Projekte und Kryptowährungen über ihre Infrastruktur[20] laufen zu lassen. Das System stellt eine Win-win-Situation für beide Seiten dar. Die „fremde“ Kryptowährung (auch Token genannt) bekommt eine etablierte Plattform zur Verfügung gestellt und es muss keine eigene Blockchain entwickelt werden, was enorm aufwendig und teuer wäre. Auf der anderen Seite werden sämtliche Transaktionsgebühren des Tokens über den nativen Coin abgerechnet. Soll heißen: Wollen Sie nun einen auf der Ethereum-Blockchain laufenden Token handeln, dann brauchen Sie immer auch eine kleine Menge Ether, um die Transaktionsgebühren zu bezahlen. Dadurch steigt die Nutzerzahl und Anwendung von Ethereum, was dessen Preis und Bekanntheit erhöht.

---

19 Mit "Token" sind hier selbstverständlich NICHT die Plastikmünzen gemeint, mit denen man in Spielhallen an Automaten spielen oder auf Festivals Bier kaufen kann. ;-)

20 Mit "Infrastruktur" ist hier das Netzwerk aus teilnehmenden Computern weltweit gemeint.

Mittlerweile gibt es neben Ethereum auch andere Plattformen, die diese Art von Dienstleistung für fremde Projekte anbieten. Die bekanntesten beiden Vertreter sind:

» **Ethereum**: Nach wie vor die mit Abstand wichtigste Blockchain dieser Art mit den meisten fremden Kryptowährungen. Diese werden oft auch „*ERC20-Token*" genannt. Als nativer Coin wird natürlich Ethereum verwendet.

» **Binance Smart Chain**: Entwickelt von der weltgrößten Kryptobörse *Binance*. Der native Coin – *Binance Coin* – ist ursprünglich auf der Ethereum-Blockchain gelaufen. Mittlerweile hat das Unternehmen aber seine eigene Infrastruktur entwickelt und bietet nun auch für andere Projekte die Möglichkeit, diese zu nutzen. Besonders bei neueren Projekten erfreut sich diese Blockchain wachsender Beliebtheit.

Zusammengefasst lässt sich der Unterschied zwischen Coin und Token also folgendermaßen beschreiben:

Ein Token ist genau so eine Kryptowährung wie ein Coin. Der Unterschied ist, dass ein Coin seine komplett eigene und unabhängige Infrastruktur hat, während ein Token eine bestehende Blockchain einer anderen Kryptowährung nutzt.

Von der Anzahl her überwiegen die Token ganz klar gegenüber den Coins. Vor allem die Tausenden unbekannten Kryptowährungen bestehen fast ausschließlich aus Token.

Neben diesem grundlegenden gibt es aber noch einen weiteren spannenden Unterschied in der Definition: Ein Coin ist grundsätzlich wie eine Währung zu betrachten und auch so gedacht. Daneben kann auch in die Stärke der Digitalwährung investiert werden. Bei bestimmten Arten von Token sieht das aber etwas anders aus:

Security-Token

Der Begriff kommt aus dem Englischen und lässt sich frei übersetzen mit „Sicherheits-Token". Gemeint ist damit, dass bei einem derartigen Token eine Sicherheit in Form von Rechten oder finanziellen Werten dahinter liegt. Damit zeigt ein Security-Token eine starke Ähnlichkeit beispielsweise zu Aktien von börsengehandelten Unternehmen. Eine Firma kann beschließen, ihre Anteile in Form von Aktien an die Börse zu bringen und dort zu verkaufen. Andererseits könnte das Unternehmen seit Neuestem auch „*tokenisiert*" werden und die Anteile werden in Form von Security-Token verkauft. Der Vorteil liegt hier darin, dass die zentrale Instanz (bei Aktien wäre das die Börse) ausgeschaltet wird und der Token direkt gehandelt werden kann.

Auch Vermögenswerte können mittlerweile tokenisiert werden. Es gibt beispielsweise schon einige Unternehmen, die Immobilien tokenisieren und so auf viele Eigentümer aufteilen. Jeder kann sich in Form des jeweiligen Tokens also ein Stück der Immobilie kaufen. Hier liegt ein Vorteil darin, dass kein Notar oder Ähnliches für den Kauf benötigt wird, wie bei einem herkömmlichen Immobilienkauf.

Somit sind Security-Token eher wie Wertpapiere zu betrachten und weniger als Zahlungsmittel.

Wichtige Merkmale:

» Gewinnbeteiligung: Macht ein Unternehmen Gewinn oder erwirtschaftet eine Immobilie Mieteinnahmen? Dann haben Sie als Token-Besitzer Anspruch auf einen Teil davon.

» Kontrolle: In Form der Token sind Sie ein Teileigentümer der dahinterliegenden Sicherheit und haben somit ein Mitbestimmungsrecht[21].

» Ein Token bzw. das Unternehmen im Hintergrund dessen sollte immer durch eine externe Behörde oder ein drittes Unternehmen reguliert bzw. auditiert werden. Hier zeigt sich also ein weiterer Gegensatz zu herkömmlichen Kryptowährungen, die grundsätzlich keiner Regulierung bedürfen oder diese sogar bewusst vermeiden wollen.

In einem Satz zusammengefasst ist ein Security-Token also eine Kryptowährung, die weniger als Währung im klassischen Sinne zu betrachten ist, sondern eher wie ein Anlagegut (ähnlich einer Aktie oder auch Immobilie)!

Utility-Token

In die Kategorie der *Utility-Token* fallen grundsätzlich einmal alle Token, die keine Sicherheit wie ein Unternehmen oder einen Vermögenswert im Hintergrund haben. Dadurch ergibt sich der wesentliche Unterschied, dass es keinerlei Beaufsichtigung oder Regulierung durch staatliche Behörden gibt. Entsprechend ähneln die Utility-Token schon wieder stärker den Coins wie Bitcoin und Co.

Der Name kommt wie so oft auf diesem Gebiet aus dem Englischen und kann etwa mit „Nutzen-Token“ oder „nützlichem Token“ übersetzt werden. Das impliziert schon ein sehr wichtiges Merkmal dieser Gruppe von Kryptowährungen: Es sollte

21 Besitzen Sie mind. 51 % aller Token einer Sicherheit, dann sind Sie faktisch Haupteigentümer und können weitgehend alleine bestimmen. Beachten Sie hier die Ähnlichkeit zur Hauptversammlung einer Aktiengesellschaft. Je mehr Aktien/Token Sie besitzen, desto mehr Stimmrechte haben Sie.

unbedingt ein wirklicher Nutzen oder Anwendungsfall gegeben sein[22].

Bei diesem „Anwendungsfall" kann es sich um die Verwendung als Währung handeln, wie bei normalen Coins. Es können aber auch vollkommen andere Nutzungsmöglichkeiten dahinter stecken. Nahezu jede große Kryptobörse hat beispielsweise ihren eigenen Token oder gar Coin, über den entweder Transaktionskosten abgerechnet werden oder durch dessen Kauf und Halten sich für die Nutzer Vorteile ergeben (z. B. Verringerung der Transaktionskosten, besserer Kundenservice durch „VIP-Status" etc.).

In einem Satz zusammengefasst ist ein Utility-Token also eine Kryptowährung mit einer klar definierten Anwendung in der realen Welt (beispielsweise die Verwendung als Währung im klassischen Sinn)!

Prüfen Sie Ihr Verständnis:

Beantworten Sie diese Fragen für sich selbst und gehen Sie so sicher, das vorhergehende Kapitel wirklich verstanden zu haben. Überprüfen Sie anschließend Ihre Antworten anhand der nachfolgenden kleinen Zusammenfassung.

Sie haben alle Fragen richtig beantwortet? Glückwunsch, gehen Sie weiter zum nächsten Kapitel!

Sie haben eine oder mehrere Fragen nicht oder falsch beantwortet? In diesem Fall möchte ich Sie einladen, noch einmal zurückzugehen und das Kapitel zumindest zu überfliegen.

---

22 Das gilt übrigens nicht nur für Utility-Token, sondern für alle Kryptowährungen. Es muss immer entweder ein Wert oder ein klarer Anwendungsfall gegeben sein, ansonsten handelt es sich um reine Spekulation. Sie würden ja auch nicht in Aktien eines Unternehmens investieren, das keinen Mehrwert stiftet, oder?

» Was ist der Hauptunterschied zwischen einem „*Coin*“ und einem „*Token*“?

» Welche sind die beiden wichtigsten Blockchains bzw. Systeme für Token?

» Welche zwei Arten von Token gibt es? Beschreiben Sie kurz die Unterschiede und Eigenschaften dieser beiden Gruppen!

Das Wichtigste in Kürze:

- » Seit der Entwicklung der zweitgrößten Kryptowährung „*Ethereum*" können Kryptos in Coins und Token eingeteilt werden. Ein Coin besitzt dabei seine eigene Blockchain und Infrastruktur, ein Token läuft auf einer fremden Blockchain (wie eben der von Ethereum).
- » Die beiden wichtigsten Systeme, die diese Dienstleistung für Fremdprojekte anbieten, sind Ethereum und die *Binance Smart Chain* (erschaffen von der weltweit größten Kryptobörse *Binance*).
- » Die Token können wiederum eingeteilt werden in „*Security-Token*" und „*Utility-Token*".
- » Ein Security-Token kann verwendet werden, um einen Vermögenswert zu tokenisieren und ihn so – ähnlich wie ein Aktien-Unternehmen – auf mehrere Besitzer zu verteilen.
- » Ein Utility-Token wiederum besitzt immer einen klaren Anwendungsfall in der realen Welt. Bei diesem „Anwendungsfall" kann es sich um die Verwendung als Währung handeln, wie bei normalen Coins. Es können aber auch vollkommen andere Nutzungsmöglichkeiten dahinter stecken.

Einteilung nach Marktkapitalisierung

Eine weitere Möglichkeit, den großen Markt der Kryptowährungen zu kategorisieren, stellt die Marktkapitalisierung dar. Wir erinnern uns: Die sogenannte Marktkapitalisierung beschreibt (in unserem Fall) den gesamten Wert einer Kryptowährung. Wenn man also den momentanen Kurs mit der aktuellen Anzahl eines Coins oder Tokens multipliziert, dann erhält man die Marktkapitalisierung (engl. *Market Cap*)[23]. Ein Vergleich dazu wäre wieder einmal der Aktienmarkt. Die Marktkapitalisierung einer Aktiengesellschaft erhält man, wenn die Anzahl der Aktien mit dem aktuellen Wert multipliziert wird.

Anhand dieses Marktvolumens lassen sich die verschiedenen Kryptowährungen in drei Gruppen einteilen:

- » Large-Cap (große Marktkapitalisierung)
- » Mid-Cap (mittlere Marktkapitalisierung)
- » Small-Cap (geringe Marktkapitalisierung)

Leider gibt es für diese Einteilung keine allgemein gültigen Grenzen. Zahlenwerte lassen sich insgesamt nur schwer festlegen, da auch der Gesamtmarkt in seiner Größe schwankt. Ich werde trotzdem versuchen, Ihnen diese Kategorisierung und die wichtigsten Eigenschaften der einzelnen Gruppen bestmöglich zu beschreiben.

Large-Cap-Kryptowährungen

Hierzu zählt nur eine kleine Gruppe von Coins und Token, die über eine sehr große Marktkapitalisierung verfügen. Momentan wird oft die Grenze von 5 Milliarden US-Dollar Gesamtwert her-

---

23 Da sich sowohl der Kurs als oftmals auch die Gesamtversorgung mitunter schnell ändern können, stellt die Market Cap immer nur eine Momentaufnahme dar.

angezogen, die eine Digitalwährung mindestens besitzen muss, um zu dieser Gruppe zu zählen. Dieser Wert ist aber keineswegs in Stein gemeißelt und auch nicht allgemein anerkannt.

Viele Krypto-Anhänger bezeichnen auch die 10, 15 oder 20 größten Kryptowährungen als Gruppe der Large-Caps[24].

Zu den Eigenschaften zählen eine relativ niedrige *Volatilität*[25] und daraus resultierende Stabilität und ein großer Einfluss auf den restlichen Markt sowie ihre große Bekanntheit (manchmal sogar unter Menschen, die weniger an der Branche interessiert sind). Handelbar sind diese Coins und Token auf nahezu allen wichtigen Börsen.

Etwa 80 – 90 % der kompletten Marktkapitalisierung für Kryptowährungen entfallen auf die Large-Caps.

Large-Caps sind also die größten und wichtigsten Kryptowährungen mit einer sehr großen Marktkapitalisierung. Sie geben die Richtung für den Gesamtmarkt vor.

Mid-Cap-Kryptowährungen

Wie der Name schon sagt, zählen zu dieser Kategorie jene Digitalwährungen, die über eine mittlere Marktkapitalisierung verfügen. Auch hier sind die Grenzen sehr verschwommen und nicht allgemein gültig und Zahlenwerte lassen sich praktisch keine festlegen.

Sehr oft werden Platz 10 oder 20 bis etwa 100 oder 200 als Benchmark herangezogen. Sie sehen also, dass die Einteilung sehr schwierig ist.

---

24 Wie so oft wird auch hier die Rangliste von coinmarketcap.com herangezogen.

25 Die Volatilität beschreibt, wie stark ein Wert – hier eine Kryptowährung – in seinem Preis schwankt.

Mid-Caps weisen generell eine größere Volatilität als Large-Caps auf und sind dabei auch stark von den Bewegungen der Großen abhängig. Fallen die Large-Caps, dann sinken meist auch die Mid-Caps im Wert. Unter Umständen fällt diese Bewegung aber gerne weitaus stärker aus. Bekannt sind einige Coins und Token der Gruppe meist nur unter Menschen, die sich schon länger mit Kryptowährungen befassen.

Mid-Caps sind also Kryptowährungen mit einer „mittelgroßen" Marktkapitalisierung. Meist schwanken sie stärker als die *Large-Caps*.

Small-Cap-Kryptowährungen

Von der Anzahl an Vertretern ist dies die mit Abstand größte Gruppe, betrachtet man die Marktkapitalisierung, dann macht sie aber nur einen kleinen Teil aus. In dieser Kategorie befinden sich tausende oder gar zehntausende von Coins und Token. Dazu gehören auch die Abertausenden von nicht gelisteten Kryptos.

Small-Caps sind die volatilsten Vertreter der Branche und können sich in sehr kurzer Zeit im Wert vervielfachen oder auch extrem stark einbrechen. Somit sind hier die Gewinnchancen sowie auch das Verlustrisiko enorm hoch. In diese Gruppe fallen zudem einige „Scam-Coins"[26], was das Risiko einer Investition nochmals erhöht. Es tummeln sich aber auch interessante und vielversprechende neue Projekte in dieser Kategorie. Jeder fängt doch mal klein an, oder?

Bekannt sind nur wenige Vertreter der Gruppe und wenn, dann steigen diese für gewöhnlich schnell in die Gruppe der Mid-Caps auf. Bekanntheit sorgt eben grundsätzlich für eine

26 Engl. Scam = Betrug. Ein Scam-Coin ist ein Coin, der mit Betrugsabsichten entwickelt wurde. Mehr dazu später.

erhöhte Nachfrage und führt damit zur Preissteigerung. Trotz ihrer überwältigenden Anzahl an Coins und Token entfallen nur 1 – 3 % der Marktkapitalisierung der gesamten Branche auf die Gruppe der Small-Caps.

Als *Small-Caps* bezeichnet man also die Masse der Kryptowährungen mit einer relativ geringen Marktkapitalisierung. Wenn auch spannend hinsichtlich der Wachstumschancen, so tragen sie doch ein vergleichsweise großes Risiko.

Abschließend möchte ich noch auf Folgendes hinweisen: In eine Kryptowährung dieser Art sollten Sie nur investieren, wenn Sie wirklich ganz genau wissen, was Sie tun und nur Geld verwenden, auf das Sie im schlimmsten Fall verzichten könnten!

Auch wenn die Chancen auf eine Verzehnfachung des Geldes und mehr sehr verlockend sein können, bedenken Sie unbedingt auch die sehr realistische Möglichkeit eines Totalverlustes!

Prüfen Sie Ihr Verständnis:

Beantworten Sie diese Fragen für sich selbst und gehen Sie so sicher, das vorhergehende Kapitel wirklich verstanden zu haben. Überprüfen Sie anschließend Ihre Antworten anhand der nachfolgenden kleinen Zusammenfassung.

Sie haben alle Fragen richtig beantwortet? Glückwunsch, gehen Sie weiter zum nächsten Kapitel!

Sie haben eine oder mehrere Fragen nicht oder falsch beantwortet? In diesem Fall möchte ich Sie einladen, noch einmal zurückzugehen und das Kapitel zumindest zu überfliegen.

» In welche drei Gruppen können Kryptowährungen hinsichtlich ihrer Größe eingeteilt werden? Beschreiben Sie alle drei Gruppen kurz!

» Wo liegen die Grenzwerte für die Unterscheidung dieser drei Kategorien?

Das Wichtigste in Kürze:

- Hinsichtlich ihrer Marktkapitalisierung können Kryptowährungen in drei Gruppen eingeteilt werden: *Large-Cap*, *Mid-Cap* und *Small-Cap*.
- Als *Large-Caps* werden die größten und wichtigsten Kryptowährungen bezeichnet. Zu dieser Liste zählen nur etwa 10 - 20 Coins, jedoch machen sie den größten Anteil am Wert des Gesamtmarktes aus.
- *Mid-Caps* sind quasi die „mittelgroßen“ Kryptowährungen. Sie schwanken generell stärker als *Large-Caps* und sind dabei auch stark von den Bewegungen der Großen abhängig.
- Die *Small-Caps* sind die zahlenmäßig größte Gruppe, diese „kleinen“ Kryptowährungen machen aber nur einen minimalen Anteil am Marktvolumen aus. Hier sind die Gewinnchancen tendenziell sehr groß, man geht bei einer Investition aber auch ein exorbitant hohes Risiko ein.
- Die Grenzen, wann man von *Large-*, *Mid-* und *Small-Cap* spricht, sind nicht klar definiert und sehr verschwommen. Es ist also nicht einfach, genau zu sagen, wann eine Kryptowährung wo eingeordnet wird. (Die letzte Frage war eine Fangfrage, es gibt keine genauen Grenzen!)

Die wichtigsten Coins und Token im Überblick

Sie haben nun einige Möglichkeiten kennengelernt, wie man Kryptowährungen einteilen kann. Neben den drei vorgestellten Arten der Kategorisierung gibt es natürlich noch viele weitere. Es wäre aber für uns hier nicht zweckmäßig, noch weiter in dieses Thema einzusteigen. Schließlich wollen Sie ja wahrscheinlich nicht nur Ihre Freunde mit Daten und Fakten beeindrucken, sondern auch noch lernen, wie man in Digitalwährungen investieren kann und was es zu beachten gibt.

Dabei werde ich aber noch nicht allzu tief in die dahinterliegende Blockchain-Technologie eingehen. Dieses Thema werden wir uns im nächsten Kapitel genauer ansehen. Über Kursverläufe und -entwicklungen möchte ich ebenfalls nicht sprechen. Dafür empfehle ich Webseiten wie *coinmarketcap.com*. Stattdessen beschreibe ich hier lediglich die wichtigsten Eigenschaften der jeweiligen Kryptowährung.

Im folgenden Abschnitt finden Sie daher eine kurze Vorstellung der wichtigsten, größten und interessantesten Coins und Token. Einige davon kennen Sie eventuell schon oder zumindest wurden sie in den vorangegangenen Kapiteln teilweise erwähnt.

Bitcoin – Die unbestrittene Nummer 1

Von diesem mit Abstand bekanntesten Coin haben Sie schon einiges gelesen und Sie kennen ihn bestimmt auch aus anderen Quellen. Mittlerweile finden sich Artikel zu ihm sogar in sämtlichen Medien außerhalb des Internets, also in Zeitungen, Fernsehen usw.

Als erste Kryptowährung hat er die gesamte Branche begründet und dominiert sie noch immer mit großem Abstand zu den

Folgeplätzen. Kommen wir aber nun zu den wichtigsten Eigenschaften.

Um als Investitionsobjekt überhaupt interessant sein zu können, muss eine Kryptowährung natürlich über eine gewisse Sicherheit in verschiedenen Aspekten verfügen. Was die Kursentwicklung anbelangt, wissen Sie natürlich inzwischen, dass Kryptowährungen allgemein sehr risikoreich sind. Hier bildet Bitcoin keine Ausnahme, stellt aufgrund seiner Größe und Bekanntheit allerdings sicherlich noch einen der stabilsten Vertreter dar. Trotzdem: Eine Halbierung des Kurses hat es schon oft gegeben und diese Möglichkeit wird wohl auch in Zukunft noch existieren.

Was die Gefahr von Hackerangriffen betrifft, ist Bitcoin grundsätzlich als sehr sicher zu betrachten. Die Blockchain und darauf laufenden Konten sind praktisch nicht zu knacken[27]. Die einzige Schwachstelle stellen die Börsen dar. Zu diesem Thema haben Sie schon im Kapitel „Geschichte und Hintergründe" einige Zeilen gelesen.

Ganz wichtig ist auch die Eigenschaft der Dezentralität. Bitcoin kann (wie die meisten anderen Kryptowährungen) aufgrund der Architektur seiner Technologie praktisch nicht von Einzelpersonen, Gruppen, Staaten oder Unternehmen manipuliert bzw. kontrolliert werden. Auch ein Verbot oder eine Zensur sind praktisch nicht möglich. Dazu müsste man schon die komplette Internetkommunikation verhindern (Das Thema der Dezentralität gilt übrigens für Kryptowährungen allgemein.). Der Knackpunkt sind auch hier wieder die Exchanges, also Börsen, über die Kryptowährungen gehandelt werden. Diese können grundsätzlich zensiert und der Zugriff darauf verhindert werden. Das

---

27 Eine Gefahr, die aber in Zukunft schon auf uns zukommen könnte, sind die sogenannten Quanten- und Supercomputer mit gerade zu absurd hoher Rechenleistung. Deren Entwicklung steckt aber nach wie vor in den Kinderschuhen

direkte Senden von einem Bitcoin-Konto auf ein anderes lässt sich aber nur schwer verbieten. Das Netzwerk hat mit großem Abstand die meisten Teilnehmer und gilt daher allgemein als sicherste und stabilste Kryptowährung.

Gerne wird die Anonymität von Bitcoin sowohl als Vor- wie auch Nachteil beschrieben. Der Vorteil dieser Eigenschaft ist klar ersichtlich: Ähnlich wie beim Bargeld können Zahlungen nicht oder nur sehr schwer nachverfolgt werden. Nur Käufer und Verkäufer wissen darüber Bescheid, aber keine Staaten, Banken oder andere Unternehmen. Auf der anderen Seite gibt es auch Kritik, da Anonymität auch Dinge wie Geldwäsche und Terrorismusfinanzierung ermöglicht.

Dazu möchte ich direkt sagen, dass es sich bei Bitcoin eigentlich **NICHT** um ein anonymes Zahlungssystem handelt, sondern um ein *„pseudo-anonymes"*. Aufgrund der Architektur der Blockchain von Bitcoin sind jede einzelne je getätigte Transaktion sowie die Kontostände aller Wallets[28] zu allen Zeiten öffentlich einsehbar[29]. Der klare Unterschied ist aber, dass nicht etwa Namen angezeigt werden, sondern lediglich die Wallet-Adressen von Sender und Empfänger.

Statt

"Thomas Müller hat 20 € an Max Mustermann gesendet."

sieht eine Transaktion eher so aus:

„bc1qn47ms6vlzdkqyxzx3np5cheldsf38dq0s6vrz0 hat 0,00245 BTC an bc1qhn3ljlusjvdjweqyhfwngpc3aw-4tjuyfwnqzva gesendet."

28 Eine Wallet ist eine "digitale Geldbörse", in der Kryptowährungen aufbewahrt werden.

29 Hierzu können verschiedene frei zugängliche "Blockchain-Explorer" verwendet werden, mit denen die komplette Datenbank durchsucht werden kann (siehe z. B. https://www.blockchain.com/explorer?view=btc).

Und da die Regierungen von den Walletanbietern immer öfter verlangen, ihre Nutzer mit einem Ausweis zu verifizieren, ergibt sich hier zumindest theoretisch eine Nachverfolgbarkeit (wenn auch sehr schwierig und aufwendig). In Sachen Anonymität gibt es sicherlich bessere Alternativen zum Bitcoin, wie etwa die Kryptowährung *Monero* oder *Dash*.

Der oft angepriesene Inflationsschutz von Bitcoin ist eine der größten Stärken der Digitalwährung. Dieses Thema wurde in der Einleitung schon etwas näher beschrieben. Blättern Sie bitte noch einmal zurück, falls Sie hier verwirrt sind. Diese Eigenschaft ist wirklich essenziell für Kryptowährungen, weshalb Sie (als Investor) es unbedingt verstehen sollten!

Die Funktionsweise dahinter ist ganz einfach: Der Programmcode verhindert, dass es jemals mehr als 21 Millionen Bitcoins im Umlauf gibt. Dabei wird laut Prognosen und Berechnungen der letzte Bitcoin erst im Jahr 2140 erstellt werden. Dieser Programmcode kann auch nicht mehr nachträglich verändert werden, da man dazu die Zustimmung von mehr als der Hälfte aller Netzwerkteilnehmer benötigen würde.

Aufgrund dieser Begrenzung kann nicht wie bei den Fiat-Währungen (Euro, Dollar und Co.) unendlich viel neues Geld erschaffen bzw. gedruckt werden, was einen praktischen Inflationsschutz nach sich zieht. Das alleine macht Bitcoin und die meisten anderen Kryptos schon zu einem grundsätzlich interessanten Investment.

Kleinere Bitcoin-Beträge werden auch gerne in „*Satoshi*" angegeben. Ein Satoshi entspricht dabei einem millionstel Bitcoin (0,0000001) und ist die kleinste Einheit, die in der Blockchain aufgezeichnet werden kann. Der Name der Einheit ist übrigens eine Hommage an den Gründer der digitalen Währung (bzw. an dessen Pseudonym). Siehe hierzu das Kapitel „*Geschichte und Hintergründe*“ weiter vorne.

Als älteste Kryptowährung überhaupt weist Bitcoin aber natürlich auch einige Schwächen auf, die von jüngeren Coins und Token teilweise schon verbessert wurden. Mit den ständig steigenden Nutzerzahlen erhöht sich beispielsweise das Transaktionsaufkommen. Dies führt dazu, dass Überweisungen heutzutage vielfach schon weitaus langsamer ablaufen als bei anderen Kryptowährungen. So ist es nicht unüblich, dass Nutzer in Zeiten starker Auslastung für eine BTC-Transaktion Wartezeiten von mehreren Stunden hinnehmen müssen.

Ein weiterer großer Kritikpunkt ist der gewaltige Stromverbrauch und die entsprechende Umweltbelastung durch Bitcoin. Anfang 2021 wurde berechnet, dass das weltweite Netzwerk einen Energieverbrauch aufweist wie das ganze Land Argentinien! Auch das liegt wieder einmal an der Beschaffenheit der Blockchain. Mehr dazu im entsprechenden Kapitel.

Prüfen Sie Ihr Verständnis:

Beantworten Sie diese Fragen für sich selbst und gehen Sie so sicher, das vorhergehende Kapitel wirklich verstanden zu haben. Überprüfen Sie anschließend Ihre Antworten anhand der nachfolgenden kleinen Zusammenfassung.

Sie haben alle Fragen richtig beantwortet? Glückwunsch, gehen Sie weiter zum nächsten Kapitel!

Sie haben eine oder mehrere Fragen nicht oder falsch beantwortet? In diesem Fall möchte ich Sie einladen, noch einmal zurückzugehen und das Kapitel zumindest zu überfliegen.

» Was denken Sie, warum ist Bitcoin nach wie vor die mit Abstand wichtigste Kryptowährung?

» Ist Bitcoin anonym? Wenn nein, was sonst? Beschreiben Sie Ihre Antwort!

» Was heißt „Inflationsschutz“ und wie wird dieser beim Bitcoin gewährleistet?

Das Wichtigste in Kürze:

» Bitcoin war die erste und ist nach wie vor die mit Abstand größte und wichtigste Kryptowährung. Das geht sogar so weit, dass der BTC oft als Synonym für den Gesamtmarkt dient.

» Sein Netzwerk ist allgemein das größte und damit sicherste der ganzen Branche.

» Auch wenn der Kurs sich im Vergleich zu anderen Coins relativ stabil zeigt, ist die Volatilität noch immer vergleichsweise groß.

» Bitcoin verwendet ein *„pseudo-anonymes"* System. Das heißt, dass jede jemals getätigte Transaktion vollkommen transparent eingesehen werden kann, allerdings sind als Sender und Empfänger immer nur kryptische Zeilen und nicht etwa klare Namen angegeben.

» Eine der größten Stärken von Bitcoin (und vielen anderen Kryptos) ist sein Inflationsschutz. Da die maximale Anzahl an Bitcoins beschränkt ist, kann nicht wie bei den herkömmlichen *Fiat-Währungen* (Dollar, Euro, ...) einfach Geld nachgedruckt und dadurch die Währung entwertet werden oder Ähnliches.

» Ein großer Kritikpunkt von Bitcoin ist der hohe Stromverbrauch seines Netzwerkes und die damit einhergehende Umweltbelastung.

Ethereum – Der innovative zweite Platz

Auch zur zweitgrößten Kryptowährung haben Sie schon einiges gelesen. Seit der Entstehung im Jahr 2015 hat sie sich durch die revolutionäre offene Architektur ihrer Blockchain schnell zur wichtigsten Kryptowährung nach Bitcoin entwickelt und hält sich seit Jahren mit großem Abstand auf diesem Platz. Dabei bezeichnet der Name „*Ethereum*" das komplette System und nicht die zugehörige Kryptowährung. Diese nennt sich eigentlich „*Ether*" und stellt quasi den kryptografischen Treibstoff für das Netzwerk dar. Allgemein wird der Coin aber meist auch Ethereum genannt, weshalb wir bei dieser Bezeichnung bleiben werden.

Wie der „große Bruder" Bitcoin basiert auch Ethereum auf der Blockchain-Technologie und bietet somit ähnliche Vor- und Nachteile. In Sachen Sicherheit, Anonymität, Dezentralität und Co. steht Ether dem Bitcoin in nichts nach. Einen ganz wesentlichen Unterschied (und für viele auch Nachteil) gibt es aber: Ethereum ist aktuell unbegrenzt erzeugbar und verfügt daher über keinen Inflationsschutz.

Im Gegenzug trumpft die Digitalwährung aber mit einem großen Vorteil gegenüber Bitcoin auf: ihrer Transaktionszeit. Eine Überweisung wird durch die veränderte Architektur des Systems anders abgewickelt als bei der ältesten Kryptowährung. Während es hier schon einmal eine Stunde oder länger dauern kann, ist eine Sendung über das Ethereum-Netzwerk meist innerhalb von Minuten abgewickelt.

Das System unterscheidet sich aber in noch einem weiteren wichtigen Gesichtspunkt von jenem des Bitcoins. Während BTC wirklich als digitale Währung gedacht ist, steckt hinter Ethereum eine ganze dezentrale Plattform für eine Reihe von digitalen Anwendungen, wie unter anderem Zahlungsmethoden, Wahlsysteme oder Sicherheitsprogramme. Die Funktionsweise dahinter haben Sie schon im Abschnitt „Coin vs. Token" kennengelernt. Eine kleine Wiederholung und Ergänzung dazu folgt:

Das Ethereum-System gestaltet sich als eine offene („Open-Source") Softwareplattform, die eine uneingeschränkte Verwendung ihrer Infrastruktur für alle möglichen Anwender bietet. Das heißt übersetzt, dass jeder und jede mit relativer Einfachheit einen eigenen Token auf Basis der Ethereum-Blockchain erstellen und darauf laufen lassen kann. Die Anwendungen reichen von einfachen Zahlungs-Token ähnlich dem Bitcoin über tokenisierte Vermögenswerte bis hin zu dezentralisierten Verträgen (sogenannte „Smart Contracts"[30]).

Da die Nutzung der Blockchain natürlich auch Rechenleistung benötigt, ist jede Interaktion mit Kosten versehen. Diese werden als „Gas" bezeichnet und über die dahinterliegende Kryptowährung Ether abgerechnet. Die Transaktionskosten hängen von der Bandbreitennutzung, den Speicheranforderungen und der Komplexität ab. Es wird also für jede Aktion auf der Ethereum-Blockchain eine gewisse Menge Ether benötigt.

Noch eine kleine Erklärung zu den eben erwähnten Smart Contracts: Diese gehören zu den spannendsten Anwendungen der Blockchain-Technologie.

Intelligente Verträge sind im Wesentlichen Programmcodes, die den Austausch von Geld, Aktien, Inhalten oder Ähnlichem erleichtern. Sobald ein Smart Contract auf der Blockchain läuft, verhält er sich wie ein selbst-operierendes Computerprogramm. Er läuft genau wie ursprünglich programmiert, ohne Zensur, Ausfallzeiten oder Einflussnahme durch Dritte.

Eine bemerkenswerte Gemeinsamkeit all dieser „intelligenten Verträge" ist, dass sie frei zugänglich und komplett dezentrali-

30 Engl. für „Intelligente Verträge"

siert sind. Für einen herkömmlichen Vertrag, wie zum Beispiel beim Kauf einer Immobilie, wird ein Anwalt oder Notar benötigt, der den Vertrag überprüft und beglaubigt. Bei einem Smart Contract übernimmt diese Aufgabe das Ethereum-Netzwerk.

Prüfen Sie Ihr Verständnis:

Beantworten Sie diese Fragen für sich selbst und gehen Sie so sicher, das vorhergehende Kapitel wirklich verstanden zu haben. Überprüfen Sie anschließend Ihre Antworten anhand der nachfolgenden kleinen Zusammenfassung.

Sie haben alle Fragen richtig beantwortet? Glückwunsch, gehen Sie weiter zum nächsten Kapitel!

Sie haben eine oder mehrere Fragen nicht oder falsch beantwortet? In diesem Fall möchte ich Sie einladen, noch einmal zurückzugehen und das Kapitel zumindest zu überfliegen.

» Auf welchem „Rang“ befindet sich die Kryptowährung Ethereum und warum?

» Welche Dienstleistung bietet Ethereum für Fremdprojekte an?

» Ist Ethereum wirklich „nur“ eine Kryptowährung oder steckt mehr dahinter?

Das Wichtigste in Kürze:

» Die Kryptowährung Ethereum (oder Ether) hat sich nach ihrer Entstehung im Jahr 2015 schnell zur zweitgrößten nach Bitcoin entwickelt. Der Grund dafür liegt in ihrer verbesserten und vor allem offenen Architektur.

» Ethereum bietet die Nutzung der eigenen Blockchain auch anderen Projekten an. Diese können dann über die Ethereum-Infrastruktur laufen und sparen sich die Entwicklung einer eigenen Blockchain, was extrem aufwändig und teuer wäre. Im Gegenzug werden sämtliche Transaktionen dieser sogenannten „*Token*" in Ether abgerechnet, wodurch dessen Anwendung und letztlich auch der Preis steigen.

» Ethereum sieht sich – anders als Bitcoin – nicht als bloße Währung, sondern eher als dezentrale Software-Plattform, über die verschiedenste Projekte realisiert werden können.

» Zu den spannendsten Entwicklungen in der Krypto-Branche zählen die sogenannten *Smart Contracts* (engl. für intelligente Verträge).

Binance Coin – Börsen und ihre eigenen Coins und Token

Der sogenannte Binance Coin ist die hauseigene Kryptowährung der aktuell größten Exchange „Binance". Wie schon erwähnt, war der Coin ursprünglich ein Token auf Basis der Ethereum-Plattform, mittlerweile hat das Unternehmen aber seine eigene Blockchain – die „*Binance Smart Chain*" – entwickelt und bietet einen ähnlichen Service wie Ethereum. Dabei erfolgt die Abrechnung der Transaktionskosten selbstverständlich über den Binance Coin.

Aufgrund der großen Beliebtheit der Börse und Blockchain hat sich der Coin inzwischen zur aktuell drittgrößten Kryptowährung nach Bitcoin und Ethereum entwickelt. In der jüngsten Zeit war hier ein beispielloser Preisanstieg zu beobachten. Lag der Preis Ende 2020 noch bei etwa 30 USD, so rangiert die Kryptowährung momentan (April 2021) bei über 500 Dollar! Selbstverständlich hat der aktuelle Hype für Kryptowährungen im Allgemeinen den Kurs auch hier zusätzlich beflügelt.

Dennoch stecken auch einige fundamentale Daten hinter dem Anstieg, da der Binance Coin über zwei wichtige Anwendungen verfügt. Zum einen ist dies die bereits erwähnte Binance Smart Chain, auf der Drittanbieter ähnlich wie bei Ethereum ihre dezentralisierten Projekte laufen lassen können. Die Abrechnung der Transaktionskosten erfolgt über den hauseigenen Coin.

Auf der anderen Seite findet der Binance Coin (oder BNB) Anwendung auf der dahinterliegenden Handelsplattform. Diese hat sich allgemein zu einer Profi-Börse entwickelt, die für Anfänger wohl etwas zu umfangreich ist. Hier würde ich Ihnen eher die ebenso bekannte Plattform Coinbase empfehlen, die über weniger Funktionen verfügt, aber für Einsteiger weitaus benutzerfreundlicher gestaltet ist. Binance hat aber in letzter

Zeit nachgelegt und bietet mit dem Handelsmodus „*Binance-Light*" eine deutlich abgespeckte und einfachere Version speziell für den Handel als Anfänger.

Kommen wir zurück zum Binance Coin. Nutzer der Plattform können sich durch den Kauf und das Halten der hiesigen Kryptowährung diverse Vorteile sichern. Dazu zählen unter anderem eine Reduktion der Handelskosten je nach Anzahl der gehaltenen BNB, VIP-Status mit besserem Kundenservice und Ähnlichem, gesicherte Verzinsung bei Veranlagung der Coins für einen bestimmten Zeitraum und noch viele weitere.

Sie sehen also: Auch beim Binance Coin ist der jüngste Anstieg nicht (nur) auf reinem Hype aufgebaut. Es stecken durchaus einige spannende Anwendungen hinter der Kryptowährung.

Dabei ist Binance aber bei weitem nicht die einzige große Börse mit einer eigenen Digitalwährung. Nahezu alle großen Exchanges haben hier mittlerweile nachgezogen und ebenfalls einen nativen Token oder Coin entwickelt. Einige weitere Vertreter sind zum Beispiel:

» Die Börse KuCoin mit dem zugehörigen KuCoin-Token

» Die All-in-one-Plattform crypto.com mit dem eigenen CRO-Coin (ehemals Token)

» Der aufstrebende Handelsplatz Pancakeswap mit dem CAKE-Token

» Und noch viele weitere...

Prüfen Sie Ihr Verständnis:

Beantworten Sie diese Fragen für sich selbst und gehen Sie so sicher, das vorhergehende Kapitel wirklich verstanden zu haben. Überprüfen Sie anschließend Ihre Antworten anhand der nachfolgenden kleinen Zusammenfassung.

Sie haben alle Fragen richtig beantwortet? Glückwunsch, gehen Sie weiter zum nächsten Kapitel!

Sie haben eine oder mehrere Fragen nicht oder falsch beantwortet? In diesem Fall möchte ich Sie einladen, noch einmal zurückzugehen und das Kapitel zumindest zu überfliegen.

» Was ist der „Binance Coin" (BNB)?

» Was ist die „*Binance Smart Chain*" und welche Möglichkeiten bietet sie?

» Ist es ein Einzelfall, dass eine Krypto-Börse ihren eigenen Coin oder Token herausbringt?

Das Wichtigste in Kürze:

» Der sogenannte Binance Coin ist die hauseigene Kryptowährung der aktuell größten Krypto-Börse „Binance".

» Seinen Anfang nahm BNB als Token auf Basis der Ethereum-Blockchain. Mittlerweile wurde mit der Binance Smart Chain eine eigene Infrastruktur entwickelt, die die gleiche Dienstleistung für andere Projekte bietet wie auch Ethereum.

» Viele große Exchanges besitzen ihre eigenen Coins oder Token. Diese haben auf den jeweiligen Plattformen verschiedene Anwendungsfälle.

Stablecoins – Altbekannte Devisen neu erfunden

Wie Sie schon wissen, schwanken herkömmliche Kryptowährungen in ihrem Wert mitunter stark. In der einen Minute kann der Preis in schwindelerregende Höhen aufsteigen, in der nächsten ist vielleicht fast schon ein Zusammenbruch zu sehen. Während das für Sie als eventuell zukünftigen Krypto-Investor grundsätzlich kein Nachteil ist (Was stark sinken kann, kann ja entsprechend auch stark steigen.), stellt diese Volatilität durchaus ein Problem bei der Implementierung als Zahlungsmittel dar. Diese Eigenschaft stellt neben anderen einen der Hauptgründe dafür dar, dass Digitalwährungen wie Bitcoin als Zahlungsmittel von vielen Unternehmen noch nicht akzeptiert werden. Wenn eine Währung innerhalb weniger Stunden stark schwankt, ist es schwer, sie als Zahlungsmittel einzusetzen.

Dieses Problem wollen die Stablecoins lösen. Dabei handelt es sich um relativ preisstabile Kryptowährungen, die an einen dahinterliegenden Wert gebunden sind. Man kann es sich so vorstellen: Ein Stablecoin, der sich beispielsweise auf den US-Dollar stützt, ist an den Wert dieser Fiat-Währung gebunden. Entsprechend ist beispielsweise ein „USD-Tether“ (USDT) immer genau ein USD wert. Erreicht wird diese Stabilität, indem für jeden USDT im Umlauf zu jeder Zeit genau ein US-Dollar hinterlegt ist. In diesem Fall ist dies durch das private Unternehmen „Tether“ im Hintergrund gewährleistet. Für jeden USDT, den das Unternehmen ausgibt, wird ein Dollar auf einem Bankkonto des Unternehmens hinterlegt. Damit das auch wirklich geschieht und ein Betrug ausgeschlossen werden kann, wird die Kryptowährung und die Firma dahinter von mehreren dritten Unternehmen und teilweise auch schon durch den Staat auditiert und reguliert.

So viel zur Funktionsweise. Durch diese relative Preisstabilität wird die Kryptowährung zwar leichter als Zahlungsmittel einsetzbar, verliert aber auch wichtige Eigenschaften, die zu den großen Vorteilen anderer Coins und Token zählen. Ein klares Beispiel hierfür ist natürlich der Inflationsschutz. Dieser ist bei einem Stablecoin, der sich an eine Fiat-Währung anlehnt, per Definition nicht gegeben. Auch ist diese Art der Kryptowährungen durch die geringe Volatilität wie gesagt nur bedingt zur Geldanlage geeignet. Statt in den USDT könnten Sie ja grundsätzlich auch einfach Ihr Geld in herkömmliche US-Dollar tauschen und so „investieren".

Was aber bleibt, ist die Dezentralität und damit Sicherheit vor Manipulation. Eine Transaktion eines Stablecoins läuft über eine Blockchain ab, genau wie bei Bitcoin, Ethereum und Co., und kann damit nicht von einer Regierung, einer Bank oder anderen Unternehmen beeinflusst werden (auch nicht vom Herausgeber des jeweiligen Coins).

Der bekannteste Stablecoin ist der schon erwähnte USD-Tether, der vom amerikanischen Unternehmen „Tether" herausgegeben wird. Dieser Coin befindet sich mittlerweile seit Jahren in den Top Ten der größten Kryptowährungen. Dabei ist Tether aber nicht das einzige Unternehmen, das Stablecoins anbietet. Die am meisten abgeleitete Fiat-Währung ist ganz klar der US-Dollar.

Hier folgen nur kurz die bekanntesten Stablecoins:

» USD-Tether: Der bekannteste Stablecoin mit dem US-Dollar als dahinterliegende Währung

» TrueUSD: Ebenfalls mit der amerikanischen Währung im Hintergrund[31]

31 Es gibt beispielsweise auch den TrueGBP, TrueAUD und andere Stablecoins für viele bekannte Devisen.

» USD Coin (USDC): Sie haben es erraten. Auch dieser Coin ist an den Dollar gebunden. Erschaffen und herausgegeben wird er von der bekannten Exchange Coinbase.

» Paxos Standard Token: Der US-Dollar als Token laufend auf der Ethereum-Plattform. Paxos bietet auch andere Devisen als Stablecoins an und mit „Paxos Gold" sogar das bekannteste Edelmetall.

Der Dollar ist dabei aber bei weitem nicht die einzige Devise, die mit der Blockchain-Technologie dezentralisiert wurde. Auch Währungen wie der australische Dollar, das britische Pfund und sogar Edelmetalle wie Gold werden mittlerweile als Coin bzw. Token angeboten.

Zusammengefasst kann man also sagen, dass Stablecoins aufgrund ihrer relativen Preisstabilität vor allem für die Zahlungsabwicklung spannend, für Investoren aber eher weniger interessant sind. Wenn Sie an langfristigen Kurssteigerungen interessiert sind, gibt es also bessere Alternativen am Markt.

Noch eine kleine Ergänzung: Auch unter kurzfristig orientierten Anlegern (sogenannte „Day-Trader") sind Stablecoins und hier vor allem der USD-Tether beliebt. Hier werden sie als kurzfristiger, stabiler „Zwischenspeicher" für das Kapital verwendet, während die Trader auf bessere Einstiegskurse bei Bitcoin und Co. warten.

Prüfen Sie Ihr Verständnis:

Beantworten Sie diese Fragen für sich selbst und gehen Sie so sicher, das vorhergehende Kapitel wirklich verstanden zu haben. Überprüfen Sie anschließend Ihre Antworten anhand der nachfolgenden kleinen Zusammenfassung.

Sie haben alle Fragen richtig beantwortet? Glückwunsch, gehen Sie weiter zum nächsten Kapitel!

Sie haben eine oder mehrere Fragen nicht oder falsch beantwortet? In diesem Fall möchte ich Sie einladen, noch einmal zurückzugehen und das Kapitel zumindest zu überfliegen.

» Was sind Stablecoins und wie sehr schwankt ein Stablecoin im Vergleich zu einer herkömmlichen Kryptowährung?

» Warum schwanken Stablecoins mehr bzw. weniger?

» Wie kann bei Stablecoins ein möglicher Betrug ausgeschlossen werden?

» Sind Stablecoins für uns als Investoren interessant? Begründen Sie Ihre Antwort!

Das Wichtigste in Kürze:

- Die sogenannten „*Stablecoins*“ unterscheiden sich von den herkömmlichen Kryptowährungen dahingehend, dass sie eigentlich nur die bekannten Fiat-Währungen, wie Dollar und Euro, digital abbilden.
- Dadurch sind Stablecoins naturgemäß vollkommen preisstabil, da beispielsweise ein Stablecoin auf den US-Dollar immer genau 1 USD wert ist.
- Es ist sehr wichtig, dass die dahinterliegenden Unternehmen unbedingt entweder vom Staat oder einem Drittunternehmen reguliert und auditiert werden müssen, um Betrug auszuschließen.
- Stablecoins gibt es mittlerweile für eine Vielzahl der bekannten Devisen, wobei diejenigen auf USD-Basis den mit Abstand größten Anteil bilden.
- Stablecoins sind für die digitale Zahlungsabwicklung spannend, für uns als Investoren aber eigentlich komplett uninteressant, da es hier keine nennenswerte Preissteigerung geben kann.

Bitcoin Cash, Bitcoin Gold und andere Abspaltungen

Wahrscheinlich haben Sie vor dem Kauf dieses Buches schon etwas über Kryptowährungen recherchiert. Dabei sind Sie möglicherweise schon auf Begriffe wie „*Bitcoin Cash*“ oder „*Bitcoin Gold*“ gestoßen. Dabei ist es wichtig zu beachten, dass es sich um jeweils eigene Kryptowährungen handelt, die mit dem großen Vorbild gar nicht mehr so viel zu tun haben.

Nehmen wir beispielsweise *Bitcoin Cash (BCH)*. Dieser Coin stammt zwar ursprünglich vom bekannten Bitcoin ab, wird aber mittlerweile als eigenständige Kryptowährung gehandelt und verwendet. Ihr Ursprung liegt in einem Streit der Bitcoin-Szene aus dem Jahr 2017: Damals wollte eine Gruppe der Community die maximale Anzahl an Transaktionen pro Sekunde von sieben auf 50 erhöhen, indem der Programmcode von Bitcoin verändert werden sollte. Wie wir wissen, ist so eine nachträgliche Änderung der Blockchain aber praktisch einfach nicht möglich, da man dazu die Zustimmung von mehr als der Hälfte aller Nutzer benötigen würde. So entschloss sich diese Gruppe von Entwicklern kurzerhand, eine eigene Blockchain auf Basis des Bitcoins zu entwickeln, aber einige Parameter zu verändern. Bitcoin Cash war geboren. Bis heute hat sich dieses Konzept jedoch gegenüber dem großen Vorbild nicht wirklich durchgesetzt. BCH kann nach wie vor nur auf wenigen Börsen gehandelt werden und verfügt gegenüber Bitcoin nur über eine relativ geringe Marktkapitalisierung.

Eine ähnliche Geschichte steckt hinter dem dritten Bitcoin-Ableger „*Bitcoin Gold*“ *(BTG)*. Einige Monate nach Bitcoin Cash wollte eine weitere Gruppe der Szene ähnliche Verbesserungen an der Technologie vornehmen. Diesmal sollte der Aufwand bei der Erzeugung der Digitalwährung verringert und dieses System optimiert werden. Das bekannte Problem der Unveränderbarkeit führte wiederum dazu, dass eine neue Blockchain samt zugehörigem Coin auf Basis des Bitcoins erschaffen werden musste. In puncto Handelsplätze und Marktvolumen sieht es ähnlich aus wie bei Bitcoin Cash.

BTG sieht sich dabei keinesfalls als Konkurrenz zur größten Internetdevise, sondern viel eher als Ergänzung und Erweiterung. Da die neue Kryptowährung auf dem Entwicklungscode von Bitcoin basiert, nimmt sie seither eine Vorreiterrolle für zukünftige Bitcoin-Updates ein.

Neben diesen beiden bekanntesten Vertretern gibt es noch weitere Coins und Token, die eine Abspaltung von anderen Kryptowährungen darstellen. Wie bei unseren Beispielen geht es dabei meist um technische Veränderungen bzw. Verbesserungen. Als Investition sind diese Ableger nur bedingt geeignet, da es ihnen trotz ihrer technologischen Überlegenheit oft schwerfällt, sich gegen die großen Vorbilder durchzusetzen. Für den Kryptomarkt an sich sind „Abspaltungen" aber sehr positiv, da sie für eine stetige Optimierung sorgen.

Prüfen Sie Ihr Verständnis:

Beantworten Sie diese Fragen für sich selbst und gehen Sie so sicher, das vorhergehende Kapitel wirklich verstanden zu haben. Überprüfen Sie anschließend Ihre Antworten anhand der nachfolgenden kleinen Zusammenfassung.

Sie haben alle Fragen richtig beantwortet? Glückwunsch, gehen Sie weiter zum nächsten Kapitel!

Sie haben eine oder mehrere Fragen nicht oder falsch beantwortet? In diesem Fall möchte ich Sie einladen, noch einmal zurückzugehen und das Kapitel zumindest zu überfliegen.

» Inwiefern hängen Bitcoin Gold und Bitcoin Cash mit dem klassischen Bitcoin zusammen?

Das Wichtigste in Kürze:

- Die Ihnen eventuell bekannten Kryptowährungen „*Bitcoin Gold*“ und „*Bitcoin Cash*“ haben nur wenig mit dem klassischen Bitcoin zu tun; es handelt sich um jeweils eigene und unabhängige Coins.
- BTG und BCH basieren grundsätzlich auf Bitcoin, haben sich aber von ihm „abgespalten“, um Probleme beim Bitcoin zu lösen bzw. einzelne Parameter zu optimieren (wie z. B. die Transaktionsgeschwindigkeit).
- Neben diesen beiden gibt es noch viele weitere solcher Abspaltungen von bekannten Coins, beispielsweise auch bei Ethereum.

Dogecoin – Der König der „Hypecoins“

Bestimmt haben Sie schon einmal vom sogenannten Dogecoin gehört. Hierbei handelt es sich tatsächlich um eine schon recht alte Kryptowährung, welche Ende 2013 von zwei Programmierern ins Leben gerufen wurde. Der Name basiert auf dem Internetphänomen „Doge“[32], was eine bewusst fehlerhafte Schreibweise des englischen Wortes „dog“ für „Hund“ darstellt.

Ursprünglich war DOGE nur als „Spaßcoin“ gedacht, der die restlichen Digitalwährungen bzw. allgemein die Finanzwelt parodieren sollte. Trotzdem bildete sich schnell eine große Community, die den Preis der Internetdevise in die Höhe trieb und den Coin innerhalb von zwei Wochen nach seiner Gründung in die Top Ten katapultierte.

Eine erste richtige Anwendung hat DOGE als „Online-Trinkgeld“ gefunden. Nutzer können auf verschiedensten Plattformen – darunter Reddit, Twitter und andere – die Ersteller von Inhalten belohnen und eine kleine Menge des Coins direkt an diese schicken. Laut der offiziellen Webseite dogecoin.com stellt dieses Trinkgeld eine „bessere Version der sonst eigentlich nutzlosen Likes“ dar. Seitdem wirbt die Dogecoin-Community mit der großen Einfachheit der Anwendung von DOGE und sieht den Coin speziell für Krypto-Neulinge geeignet, da für seine Anwendung keine großartigen Vorkenntnisse notwendig sind.

Trotz der teilweise enormen Preissteigerungen hat der Dogecoin es nie wirklich geschafft, seinen ironischen Ursprung als Spaßcoin abzulegen. Das liegt vor allem daran, dass – anders als bei Bitcoin und Co. – eigentlich kein richtiger Mehrwert geboten wird.

32 Über die Aussprache dieses Wortes gibt es übrigens keine Einigkeit. Niemand weiß genau, ob man nun „Doge“, „Doje“ oder „Doggie“ sagt.

Technisch gesehen verfügt DOGE über eine eigene Blockchain, ist also ein richtiger Coin und kein Token. Die Programmierung basiert dabei auf dem ebenfalls bekannten Litecoin und wartet mit keiner wirklichen technologischen Verbesserung auf. Des Weiteren unterscheidet sich die Spaßwährung von den meisten anderen Kryptowährungen durch ihren klar inflationären Charakter. Im Gegensatz beispielsweise zum Bitcoin gibt es keine maximale Anzahl an Coins. Jährlich werden etwa fünf Milliarden neue Dogecoins erstellt, was für eine theoretische Wertminderung von etwa 3 – 5 % pro Jahr sorgt.

Wenn es also keinen logischen, fundamentalen Hintergrund für Kurssteigerungen gibt, warum befindet sich der Coin dann seit jeher unter den größten und wichtigsten Digitalwährungen?

Dies ist vor allem auf den Community-Charakter der Kryptowährung zurückzuführen. DOGE wird vor allem von jungen Menschen, die mit dem Internet und seinen „*Memes*"[33] aufgewachsen sind, gekauft und genutzt. Da diese Gemeinschaft sehr groß ist, kann das schnell zu einem großen Hype führen, was wiederum den Preis mitunter stark steigen lassen kann (Wir erinnern uns an das Prinzip von Angebot und Nachfrage.).

Speziell seit Ende 2020 befindet sich der Dogecoin in einem beispiellosen Bullenmarkt. Zu einem großen Teil hat dies der Tesla-Gründer und Multimilliardär Elon Musk zu verschulden. In mehreren Tweets hat sich der Unternehmer stark positiv zu diesem Spaßcoin geäußert und damit den Hype wieder neu angefacht.

An diesem Beispiel sieht man den enormen Einfluss, den einzelne Personen oder Gruppen besonders auf die sogenannten *Hypecoins* haben können. Es gibt viele von diesen Hype- oder

33 Ein Meme (Aussprache: „Miim") ist ein meist humorvolles Bild oder Kurzvideo, das sich über das Internet viral verbreitet hat.

Community-Coins, wobei DOGE der bei weitem bekannteste Vertreter ist. Diese Art der Kryptowährungen ist nicht auf technischen Errungenschaften oder praktischen Anwendungen aufgebaut, sondern lebt rein von der Begeisterung und Größe seiner Community.

Aus diesem Grund sind Dogecoin oder auch andere Community-Coins oder -Token nur bedingt als Investitionsobjekt geeignet. Sogar für Kryptowährungen weist diese Art der Internetdevisen eine enorm große Volatilität auf und was stark steigt, kann auch schnell wieder ebenso stark fallen. Beachten Sie also bitte, dass ein durch Hype aufgebauter Coin oder Token nichts anderes ist als eine Blase – und Sie wissen niemals, wann diese platzt.

Wenn Sie trotzdem in DOGE oder andere Community-Coins investieren möchten, dann empfehle ich Ihnen, wirklich nur „Spielgeld“ zu verwenden und das ganze eher als Glücksspiel wie im Casino zu betrachten und weniger als ernsthafte Investition.

Prüfen Sie Ihr Verständnis:

Beantworten Sie diese Fragen für sich selbst und gehen Sie so sicher, das vorhergehende Kapitel wirklich verstanden zu haben. Überprüfen Sie anschließend Ihre Antworten anhand der nachfolgenden kleinen Zusammenfassung.

Sie haben alle Fragen richtig beantwortet? Glückwunsch, gehen Sie weiter zum nächsten Kapitel!

Sie haben eine oder mehrere Fragen nicht oder falsch beantwortet? In diesem Fall möchte ich Sie einladen, noch einmal zurückzugehen und das Kapitel zumindest zu überfliegen.

- Was war der ursprüngliche Hintergrund von Dogecoin und wie hat er sich seit seiner Gründung entwickelt?
- Was ist der Hauptgrund für diese Preisentwicklung bei DOGE?
- Stellen die sogenannten Hypecoins ein grundsätzlich sicheres Investment mit langfristig realer Anwendung dar? Begründen Sie Ihre Antwort!

Das Wichtigste in Kürze:

- Die mittlerweile sehr bekannte Kryptowährung „Dogecoin“ (DOGE) wurde 2013 entwickelt und zählt damit zu den ersten ihrer Art.
- Ursprünglich wurde die Internetdevise als „Spaßwährung“ erschaffen, jedoch bildete sich schnell eine große Community, die DOGE seither in den Top 10 der größten und wichtigsten Kryptos hält.
- Im Gegensatz zu Bitcoin und anderen verfügt der Dogecoin über keinen Inflationsschutz und eigentlich auch keinen richtigen Anwendungsfall. Seine mittlerweile beachtliche Größe stützt sich einzig und allein auf die Community und deren „Hype“ (Begeisterung) für den Coin.
- Dogecoin und auch andere solcher Hypecoins sind (meiner Meinung nach) nur bedingt als Investitionsobjekt geeignet und wenn, dann lediglich als kleine Ergänzung zu einem ansonsten gut aufgestellten und fundamental begründeten Portfolio.

Ripple – Anders als all die anderen

Die Kryptowährung *Ripple (XRP)* und das dahinterstehende Unternehmen *Ripple Labs* nehmen in der Welt der Digitalwährungen eine besondere Stellung ein. Anders als Bitcoin und Co. wollen sie das aktuelle Finanzsystem mit ihren Fiat-Währungen wie Dollar und Euro nicht ablösen, sondern schlichtweg verbessern. Aus diesem Grund wird Ripple von einigen Menschen gar nicht zu den Kryptowährungen gezählt.

Das Projekt wurde im Jahr 2012 gestartet und zählt damit zu den Urgesteinen der Branche. Ziel ist es, vor allem internationale Transaktionen auch zwischen Ländern mit unterschiedlichen Währungen zu beschleunigen, deren Kosten zu reduzieren sowie die Sicherheit zu erhöhen. Das macht das Unternehmen vor allem für Banken und andere Finanzdienstleister spannend. Viele große Geldinstitute wie die *Bank of America* sind schon früh eingestiegen und unterstützen das Projekt, wodurch es nach seiner Gründung schnell zu einem der bekanntesten im Kryptomarkt aufstieg.

Das Unternehmen und vor allem die zugehörige Kryptowährung stehen immer wieder in der Kritik von Regierungen und auch Nutzern. Die Staaten bemängeln die schwierige und oft unzureichende Regulierung, was unter Umständen einem möglichen Betrug den Weg ebnen könnte. Anfang 2021 wurde das Unternehmen gar von der US-Finanzaufsichtsbehörde des Betruges bezichtigt und angeklagt, was den Kurs von XRP natürlich stark in Mitleidenschaft gezogen hat. Mittlerweile wurde das Verfahren aber eingestellt und der Coin hat seine alte Stärke daraufhin schnell wiedererlangt.

Andererseits steht das Unternehmen auch in der Kritik, weil etwa 55 % aller Coins zum Start des Projektes auf die Entwickler aufgeteilt wurden. <u>Grundsätzlich gilt: Für eine Kryptowährung ist es nie gut, wenn einige wenige Personen einen Großteil</u>

der Coins halten, da dies die Dezentralität des Systems untergräbt.

Trotz aller Kritik zählt das Projekt zu den größten und momentan wichtigsten in der Krypto-Branche und stellt durchaus auch eine interessante Investition dar.

Prüfen Sie Ihr Verständnis:

Beantworten Sie diese Fragen für sich selbst und gehen Sie so sicher, das vorhergehende Kapitel wirklich verstanden zu haben. Überprüfen Sie anschließend Ihre Antworten anhand der nachfolgenden kleinen Zusammenfassung.

Sie haben alle Fragen richtig beantwortet? Glückwunsch, gehen Sie weiter zum nächsten Kapitel!

Sie haben eine oder mehrere Fragen nicht oder falsch beantwortet? In diesem Fall möchte ich Sie einladen, noch einmal zurückzugehen und das Kapitel zumindest zu überfliegen.

- » Welches Ziel verfolgt Ripple (XRP)?
- » Für welche Personen bzw. Unternehmen ist Ripple aufgrund seines Anwendungsfalles ein spannendes Projekt?

Das Wichtigste in Kürze:

- Ripple oder auch XRP sieht sich (anders als Bitcoin und Co.) nicht als Ersatz für das konventionelle Finanzsystem, sondern möchte dieses lediglich verbessern.
- Ziel ist es, vor allem internationale Transaktionen auch zwischen Ländern mit unterschiedlichen Währungen zu beschleunigen, deren Kosten zu reduzieren sowie die Sicherheit zu erhöhen.
- Das macht das Projekt vor allem für Banken und andere Finanzdienstleister spannend und viele solche Geldinstitute unterstützen es.

Polkadot, Cardano, VeChain – Starke Aufsteiger mit Potenzial

Zu den technisch interessantesten Innovationen in der Kryptobranche zählen die mittlerweile sehr bekannten Systeme von Polkadot, Cardano und VeChain samt ihren zugehörigen Coins. Dabei handelt es sich um sehr umfangreiche Projekte mit recht kompliziertem Charakter. Ich werde diese hier nur kurz und sehr vereinfacht zusammenfassen. Bei weiterem Interesse möchte ich Sie auf die jeweiligen offiziellen Webseiten bzw. Google verweisen.

Das 2017 geschaffene Projekt **Polkadot** mit dem zugehörigen Coin namens DOT möchte – anders als viele andere Kryptowährungen – kein Problem in der realen Welt lösen. Vielmehr möchte es die beiden größten Probleme von anderen Coins und Token bzw. deren Blockchain-Technologie lösen: die starke Isolierung und geringe Skalierbarkeit. Mit Isolierung ist gemeint, dass eine herkömmliche Blockchain aktuell meist komplett getrennt von anderen arbeitet und es keine wirklichen Schnittstellen gibt. Das Problem der Skalierbarkeit haben wir schon kennengelernt: Beim Bitcoin können beispielsweise nur maximal 7 Transaktionen pro Sekunde stattfinden, was auf lange Sicht für zu lange Verfahrenszeiten sorgt.

Aber auch das gesamte Internet hat ein Problem, nämlich dass es sehr stark von einzelnen großen Playern abhängt (Google, Facebook, Microsoft etc.). Polkadot löst all diese Probleme, indem es eine „Brücke zwischen den Blockchains" schaffen möchte. Technisch werde ich nicht weiter darauf eingehen, da die Umsetzung doch sehr komplex ist.

Kurz zusammengefasst ist die Vision von Polkadot also, die Welt der Kryptowährungen untereinander zu vernetzen, das komplette Internet dezentral zu gestalten und so die Macht an die Nutzer zurückzugeben.

Der native DOT-Coin erfüllt dabei verschiedene Zwecke und hat aufgrund der mittlerweile beachtlichen Größe des Projektes eine gute (und vor allem fundamental untermauerte) Preissteigerung hinter sich. Der Coin rangiert dauerhaft in den Top Ten der wichtigsten und größten Kryptowährungen.

Kommen wir nun zu **Cardano** und seinem ADA-Coin. Das Projekt ist deshalb so interessant, weil es das Ziel hat, die besten Seiten von Bitcoin und Ethereum zu verknüpfen und so zu einer Kryptowährung der „dritten Generation" zu werden[34]. Ferner steht dahinter weder eine kleine Gruppe von privaten Entwicklern noch ein gewinnorientiertes Unternehmen. Vielmehr bildet sich das internationale Team aus Wissenschaftlern, Forschern und Non-Profit-Organisationen. Momentan befindet sich Cardano noch in einem recht frühen Entwicklungsstadium, wird aber am Ende vom Prinzip her am ehesten noch dem Ethereum-Netzwerk ähneln. Entsprechend wird das System seine Infrastruktur auch für andere Projekte wie Smart Contracts und DeFi zur Verfügung stellen. Der Fokus liegt auf der Weiterentwicklung der bestehenden Systeme und vor allem deren Sicherheit. So haben inzwischen sogar Banken und ganze Staaten ihr Interesse an der Plattform bekundet.

Ein weiteres Problem, das Cardano lösen möchte, ist der bereits mehrfach angesprochene enorm hohe Stromverbrauch von Bitcoin, Ethereum und Co. Dies soll bewerkstelligt werden, indem von der energieintensiven „*Proof-of-Work*"-Methode eine bessere Version des „*Proof-of-Stake*" implementiert wird.[35]

Ein schon etwas älteres, aber nicht weniger spannendes Konzept stellt das Projekt „**VeChain**" dar. Das dahinterstehende Unternehmen arbeitet seit dem Jahr 2015 daran, die Blockchain-Technologie für Herstellung, Logistik, Verkauf und Ver-

34 Bitcoin wird hier als die erste, Ethereum als die zweite Generation betrachtet.

35 Mehr dazu finden Sie weiter hinten im Kapitel zum Thema „Mining".

sand von digitalen und physischen Produkten und sogar einigen Dienstleistungen nutzbar zu machen. Ursprünglich basierend auf der Ethereum-Technologie soll dieses Ziel über verschiedene Vehikel wie *Smart Contracts*, *DApps*[36] und Informationsspeicherung in der Blockchain erreicht werden. Konkret bringt das diverse Vorteile sowohl für Erzeuger als auch Distributoren und vor allem die Käufer der Produkte.

Das kann beispielsweise folgendermaßen aussehen: Nehmen wir an, Sie möchten ein bestimmtes Luxusgut, wie eine Tasche, online kaufen. Wenn dies über die VeChain-Blockchain abläuft, dann sind sämtliche Produktionsschritte darin dokumentiert. Eine Fälschung kann also praktisch ausgeschlossen werden. Auch der Bezahlvorgang und der Versand werden dezentralisiert abgewickelt, was eine nie dagewesene Sicherheit sowohl für Sie als Käufer als auch alle anderen beteiligten Parteien bedeutet. Der zugehörige *VET-Coin* hat ähnlich wie Ether diverse Anwendungsfälle in der Bestätigung der verschiedenen Arbeitsschritte, der Zahlung usw.

Diese drei Projekte mit ihren jeweiligen Coins stellen dabei natürlich nur die Spitze des Eisberges an hochinteressanten Technologien und Anwendungen der Blockchain und Kryptowährungen dar. Je mehr Menschen auf diese Themen aufmerksam werden, desto mehr spannende Entwicklungen wird es geben. Es kann sich auch aus Sicht eines Investors durchaus lohnen, sich hier immer wieder zu informieren und auf dem neuesten Stand zu bleiben. Die jüngsten Preissteigerungen von VET, ADA und DOT zeigen, was möglich ist, wenn einer interessanten Technologie der Durchbruch gelingt. Man stelle sich nur einmal vor, welche Renditen hier möglich sind, wenn man nur früh genug einsteigt.

---

36 Kurzform von engl. „decentralized Apps“ = dezentralisierte Anwendungen. Es handelt sich dabei um einen Sammelbegriff für verschiedenste Anwendungsarten der Blockchain zum Zwecke der Dezentralisierung unterschiedlicher Bereiche.

Beachten Sie dabei aber bitte, dass diese drei Coins ganz klare praktische Anwendungsfälle haben und somit nicht nur rein auf Hype und ihrer Community aufgebaut sind. Stattdessen steckt hier wirklich ein realer Wert dahinter. Genau nach derartigen Coins und Token sollten Sie sich beim Aufbau Ihres Portfolios orientieren, um das Verlustrisiko zu minimieren.

Prüfen Sie Ihr Verständnis:

Beantworten Sie diese Fragen für sich selbst und gehen Sie so sicher, das vorhergehende Kapitel wirklich verstanden zu haben. Überprüfen Sie anschließend Ihre Antworten anhand der nachfolgenden kleinen Zusammenfassung.

Sie haben alle Fragen richtig beantwortet? Glückwunsch, gehen Sie weiter zum nächsten Kapitel!

Sie haben eine oder mehrere Fragen nicht oder falsch beantwortet? In diesem Fall möchte ich Sie einladen, noch einmal zurückzugehen und das Kapitel zumindest zu überfliegen.

» Was ist das Ziel von Polkadot?

» Was ist das Ziel von Cardano?

» Was ist das Ziel von VeChain?

» Welche Eigenschaft ist insgesamt sehr wichtig für eine langfristige Investition in einen bestimmten Coin oder Token?

Das Wichtigste in Kürze:

- » Zu den technisch interessantesten Innovationen in der Kryptobranche zählen die mittlerweile sehr bekannten Projekte *Polkadot*, *Cardano* und *VeChain* samt ihren zugehörigen Coins.
- » Polkadot hat das Ziel, verschiedene andere Blockchains zu optimieren und miteinander zu verknüpfen und möchte nebenbei noch das Internet dezentralisieren.
- » Das noch recht junge Projekt Cardano hat ähnlich ambitionierte Ziele: Es möchte die besten Seiten von Bitcoin und Ethereum verknüpfen und so zu einer Kryptowährung der „dritten Generation" werden. Dahinter steht ein internationales Team aus Forschern und Non-Profit-Organisationen.
- » VeChain möchte vor allem physische Produkte bzw. deren Fertigung, Versand und die Zahlungsabwicklung dezentralisieren und optimieren, was viele Vorteile sowohl für die Käufer der Produkte als auch alle anderen beteiligten Parteien bietet.
- » Diese drei Projekte mit ihren jeweiligen Coins stellen nur die Spitze des Eisberges an hochinteressanten Technologien und Anwendungen der Blockchain und Kryptowährungen dar.
- » Generell ganz wichtig für eine Investition in einen Coin oder Token ist, dass er unbedingt eine klar definierte und praktische Anwendung besitzen sollte. Es muss also ein Mehrwert erbracht werden.

Shit- und Scamcoins – Wo Licht ist, ist auch Schatten

Bis jetzt haben Sie (vielleicht mit Ausnahme von DOGE und den Hypecoins) fast nur von spannenden Entwicklungen und bahnbrechenden Technologien aus dem Bereich der Kryptowährungen gehört. Leider sind aber nicht alle Entwickler von Digitalwährungen an wahrer Wertstiftung interessiert. Gerade in dieser noch sehr jungen Branche gibt es viele schwarze Schafe, die ahnungslosen Anlegern nur das Geld aus der Tasche ziehen wollen.

Das passiert leider mittlerweile so oft, dass sich eigene Begriffe wie „*Scamcoin*" für solche „Projekte" entwickelt haben. Die Vorgehensweise ist dabei grundsätzlich immer die gleiche:

Ein oft namentlich nicht genannter Entwickler oder eine Gruppe erschafft einen Coin oder meist Token[37] ohne richtigen Wert oder Anwendungsfall. Mittels aggressiven Marketings und großer Versprechungen wird ein regelrechter Hype aufgebaut, was den Preis innerhalb kurzer Zeit in die Höhe treibt. Auf dem Höhepunkt dieser Blase stoßen die Entwickler ihre Bestände an der jeweiligen Kryptowährung ab und tauchen unter. Von da an hört man nichts mehr vom Entwicklerteam und natürlich bleiben die versprochenen Errungenschaften und Anwendungsfälle aus. Die ersten Anleger begreifen den Betrug und fangen an, ihre Token/Coins zu verkaufen. Bald bricht Panik aus und alle versuchen, die wertlose Kryptowährung loszuwerden. Schlussendlich bleibt eine Masse von Anlegern zurück, die enorme Verluste oder sogar einen Totalverlust erlitten hat.

Die Urheber dieses Betruges sind dabei praktisch nicht auffindbar, da die Blockchain-Technologie ja bekanntlich Großteils anonym läuft.

---

37 Token werden natürlich bevorzugt, da deren Erstellung um Einiges leichter ist, als eine eigene Infrastruktur aufzubauen.

Daneben gibt es auch noch die „*Shitcoins*", die zwar nicht mit Betrugsabsichten entwickelt werden, aber trotzdem meist scheitern. Dies tritt auf, wenn ein junges Projekt entweder keine oder nur eine unzureichende reale Anwendung bietet, wenn den Entwicklern die Mittel ausgehen oder auch wenn sich das Projekt aus irgendeinem anderweitigen Grund nicht durchsetzt.

Von den zehntausenden Coins und Token da draußen sind schätzungsweise 90 – 95 % den Shit- oder gar Scamcoins zuzuordnen. Natürlich wollen Sie um jeden Preis vermeiden, mit einer Investition in solch eine Kryptowährung Geld zu verlieren. Weiter hinten im Praxisteil sehen wir uns dementsprechend an, wie man junge, interessante Projekte möglichst früh von betrügerischen oder schlicht zukunftslosen Digitalwährungen unterscheiden kann.

Prüfen Sie Ihr Verständnis:

Beantworten Sie diese Fragen für sich selbst und gehen Sie so sicher, das vorhergehende Kapitel wirklich verstanden zu haben. Überprüfen Sie anschließend Ihre Antworten anhand der nachfolgenden kleinen Zusammenfassung.

Sie haben alle Fragen richtig beantwortet? Glückwunsch, gehen Sie weiter zum nächsten Kapitel!

Sie haben eine oder mehrere Fragen nicht oder falsch beantwortet? In diesem Fall möchte ich Sie einladen, noch einmal zurückzugehen und das Kapitel zumindest zu überfliegen.

» Was ist ein „*Scamcoin*"?

» Was ist ein „*Shitcoin*"?

» Wie sicher sind Scam- und Shitcoins?

Das Wichtigste in Kürze:

- Wie überall gibt es auch in der Welt der Kryptowährungen schwarze Schafe. Der Begriff „*Scamcoin*“ beschreibt eine Kryptowährung, die mit Betrugsabsichten entwickelt wurde.
- Daneben gibt es auch noch die „*Shitcoins*“, denen zwar keine Betrugsabsichten zugrunde liegen, meist scheitern sie (langfristig) aus verschiedenen Gründen aber trotzdem.
- Eine Investition in diese beiden Arten der Kryptowährungen sollten Sie sich gut überlegen, da das Risiko eines großen oder gar Totalverlustes enorm hoch ist.

Nun haben Sie die wichtigsten Gruppen und auch einige einzelne Kryptowährungen kennengelernt. Wie gesagt kratzen wir dabei aber nur an der Oberfläche. Ebenso befinden wir uns sicherlich noch in der Anfangszeit dieser spannenden Entwicklung. Wir dürfen uns also auf die Zukunft mit vielen weiteren spannenden Projekten, Coins und Token freuen!

Blockchain – Die Technologie hinter Bitcoin und Co.

Nachdem Sie nun die wichtigsten Eigenschaften von Kryptowährungen und auch schon einige interessante Vertreter der Branche kennengelernt haben, wird es Zeit, die dahinterliegende Technologie eingehender zu beleuchten. Das Thema der „*Blockchain*" haben wir schon des Öfteren auf den vorherigen Seiten gestreift und ich bin auch in der Einleitung schon kurz darauf eingegangen. Es folgt eine kurze Wiederholung und Zusammenfassung:

Der Ausdruck „*Blockchain*" kommt wieder einmal aus dem Englischen und bedeutet frei übersetzt so viel wie „*Block-Kette*" oder „*Kette von Blöcken*". Ganz vereinfacht gesagt ist eine Blockchain nichts anderes als eine Datenbank. Sie ließe sich sogar mühelos in einer Excel-Tabelle darstellen. Allerdings unterscheidet sie sich in einem ganz wesentlichen und wichtigen Punkt von herkömmlichen Datensammlungen: Sie läuft nicht auf einem einzigen „*zentralen*" Server oder Computer, sondern auf mehreren Tausend oder gar Millionen von Rechnern, die weltweit verteilt und über das Internet miteinander verbunden sind. Dadurch wird die oft betonte „*Dezentralität*" erreicht. Zu den größten Vorzügen dieser Art von Datenspeicherung zählt eine große Sicherheit gegenüber (nachträglicher) Beeinflussung und Manipulation. Die Macht über die Blockchain hat also nicht etwa eine Einzelperson oder kleine Gruppe, sie ist vielmehr über alle Netzwerkteilnehmer mehr oder weniger gleichmäßig verteilt.

Ganz grob zusammengefasst ist eine Blockchain also nichts anderes als eine Datenbank, die über mehrere Rechner weltweit läuft und somit dezentral organisiert ist.

Geschichte und Hintergründe

Zur Vergangenheit der Blockchain gibt es tatsächlich nicht viel zu sagen, dass Sie nicht schon aus dem Kapitel „*Geschichte und Hintergründe der Kryptowährungen*" ganz am Anfang des Buches kennen. Die Entwicklung dieser Technologie ging tatsächlich Hand in Hand mit ihrer ersten praktischen Anwendung: Bitcoin. Ich möchte Sie daher größtenteils auf den entsprechenden Teil am Beginn des Buches verweisen. Zur Wiederholung werde ich den Lebenslauf der ersten Kryptowährung und ihrer Technologie hier noch einmal in einigen Sätzen zusammenfassen und ein wenig ergänzen:

» **Ende 1990er bis Mitte 2000er Jahre**: In einigen Internetforen wird über die Möglichkeit einer vollkommen digitalen und dezentralen Währung diskutiert. Es gibt erste Projekte, jedoch setzt sich keines davon durch.

» **2008**: Am Höhepunkt der weltweiten Finanzkrise wird unter dem Pseudonym „*Satoshi Nakamoto*" das neunseitige *Whitepaper*[38] von Bitcoin samt seiner technischen Funktionsweise veröffentlicht.

» **2009**: Das Softwareprotokoll für Bitcoin geht online und das Netzwerk beginnt sich aufzubauen. Die ersten Transaktionen erfolgen. Mangels eines Handelsplatzes kann die digitale Devise nur von Nutzer zu Nutzer direkt versendet werden.

» **2010**: Der erste Handelsplatz „Mt. Gox" geht online. Es ist damit erstmalig möglich, Bitcoins mit herkömmlichen Währungen wie Euro und Dollar zu kaufen.

» **2011**: Bitcoin wird immer bekannter und sein Preis steigt. Die ersten weiteren Kryptowährungen mit ihren eigenen Blockchains erscheinen (Litecoin, Dogecoin, ...).

---

38 Ein Whitepaper ist ein schriftliches Dokument, in dem ein bestimmtes Thema oder Projekt möglichst nüchtern und ohne Marketingabsichten beschrieben wird.

» **2013**: Weitere Coins entstehen und die Blockchain-Technologie gewinnt an Aufmerksamkeit. Die Entwicklung von *Ethereum* und den *Smart Contracts* als weitere Anwendung der Blockchain beginnt.

» **2014**: Das Ethereum-Netzwerk geht an den Start und wird aufgrund seiner neuartigen Technologie als „*Kryptowährung der zweiten Generation*" bezeichnet. Erstmals wird die Blockchain mithilfe der *Smart Contracts* und *DApps*[39] auch außerhalb der Finanzwelt eingesetzt.

» **2015**: Mittlerweile werden auch Staaten und die alteingesessenen Finanzinstitute auf Bitcoin und Co. aufmerksam. Die ersten kritischen Gegenbewegungen entstehen, verstummen aber Großteils nach wenigen Jahren wieder.

» **2017**: Die damalige „Bitcoin-Blase" platzt und der Kurs sinkt innerhalb kurzer Zeit von knapp 20.000 USD auf unter 3.000 USD. Den mittlerweile hunderten Altcoins geht es ähnlich. Eine Zeit lang verstummt der Hype und außerhalb der Branche ist nicht mehr viel von den Kryptowährungen zu hören. In den kommenden Monaten und Jahren nehmen aber auch viele spannende Projekte ihren Anfang bzw. werden weiterentwickelt, darunter die bereits angesprochenen Vertreter: *Polkadot*, *Cardano* und *VeChain*.

» **2020**: Die globale Coronakrise sorgt im März für einen großen Einbruch des gesamten Marktes. In den folgenden Monaten sollten sich die Kurse aber wieder erholen und Ende des Jahres übertrifft Bitcoin sein Allzeithoch von 20.000 USD. Kryptowährungen und die ihnen zugrunde liegende Blockchain-Technologie gewinnen wieder mehr an Aufmerksamkeit.

» **2021**: Im April erreicht der Bitcoin erstmals die historische Marke von 60.000 USD. Der gesamte Markt befindet sich in einem massiven Aufwärtstrend. Anders als 2017 liegen aber

39 Siehe Sachwortverzeichnis ganz hinten für eine Begriffserklärung

definitiv auch fundamentale Gründe dahinter und nicht nur reiner Hype. Immer mehr Finanzinstitute, Banken und auch andere Unternehmen interessieren sich für die Digitalwährungen oder zumindest deren Technologie. Sogar erste Staaten zeigen mittlerweile ihr Interesse. Neben vielen „*Shit- und Scamcoins*" gibt es unter den mittlerweile tausenden Kryptowährungen auch viele spannende Projekte (nicht nur innerhalb der Finanzwelt).

Ich könnte jetzt natürlich auch einen Blick in die Zukunft wagen und eine Prognose abgeben. Dafür müsste ich aber meine Glaskugel aus dem Keller hervorholen, daher muss das an dieser Stelle entfallen. ;-)

Nein, im Ernst: Ich bin bewusst sehr vorsichtig mit Vorhersagen. Im Endeffekt kann weder ich – noch irgendjemand anders – eine verlässliche Prognose abgeben. Ich möchte Sie daher an dieser Stelle sowohl vor „*Crash-Propheten*" als auch positiven Prophezeiungen warnen. Gerade in den sozialen Medien (aber eventuell sogar in Ihrem Bekanntenkreis) tummeln sich Menschen, die mit Aussagen wie „*Bitcoin wird auf eine Million Dollar steigen!*" oder „*Bitcoin wird die bestehenden Fiat-Währungen ablösen!*" um sich werfen.

Niemand da draußen kann wissen, was in den kommenden Jahren passieren wird! Informieren Sie sich also bitte selbst und an mehreren (unabhängigen) Stellen und hören Sie keinesfalls nur auf die Aussagen solcher „Wahrsager"!

Dem möchte ich aber noch hinzufügen, dass vor allem die Blockchain-Technologie gewiss über enormes Potenzial in verschiedensten Bereichen verfügt und sicher nicht so schnell wieder verschwinden wird. Bei richtiger Anwendung und Implementierung bietet sie die Möglichkeit, für wahrhaft disruptive Veränderungen in unserer digitalen und vernetzten Welt zu sorgen (auch neben dem Finanzbereich)! Das ist aber nur meine eigene persönliche Meinung!

Im folgenden Kapitel werde ich einige weitere mögliche Anwendungsbereiche der Blockchain vorstellen. Danach können Sie sich Ihre eigene Meinung über die Zukunft von Kryptowährungen und dieser ihnen zugrunde liegenden Technologie bilden ...

Prüfen Sie Ihr Verständnis:

Beantworten Sie diese Fragen für sich selbst und gehen Sie so sicher, das vorhergehende Kapitel wirklich verstanden zu haben. Überprüfen Sie anschließend Ihre Antworten anhand der nachfolgenden kleinen Zusammenfassung.

Sie haben alle Fragen richtig beantwortet? Glückwunsch, gehen Sie weiter zum nächsten Kapitel!

Sie haben eine oder mehrere Fragen nicht oder falsch beantwortet? In diesem Fall möchte ich Sie einladen, noch einmal zurückzugehen und das Kapitel zumindest zu überfliegen.

» Was war die erste richtige Anwendung der Blockchain-Technologie?

» Auf welche Quellen können Sie sich zu 100 % verlassen, wenn es um Kursprognosen von Kryptowährungen geht?

» Ist eine gründliche Recherche prinzipiell hilfreich oder schädlich für erfolgreiches Investieren in Kryptowährungen?

Das Wichtigste in Kürze:

- » Die Entwicklung der Blockchain-Technologie ging Hand in Hand mit jener von Bitcoin. Er hat diese Art der Datenspeicherung und -Verwaltung begründet. Siehe dazu auch den Abschnitt „*Geschichte und Hintergründe* von Kryptowährungen" weiter vorne.
- » Auch wenn es – speziell in den sozialen Medien – immer wieder selbsternannte „*Krypto-Gurus*" gibt, kann niemand da draußen in die Zukunft sehen. Daher sollten Sie sowohl bei Crash-Propheten als auch positiven Vorhersagen sehr vorsichtig sein. (Die Frage war eine Fangfrage, man kann sich auf gar keine Quelle für Prognosen zu 100 % verlassen!)
- » Informieren Sie sich vor jeder Investition genau und an mehreren Stellen über das jeweilige Projekt und den Markt allgemein!
- » Meiner persönlichen Meinung nach verfügt die Blockchain-Technologie über enormes Zukunftspotenzial in verschiedensten Branchen auch abseits von Finanzen und Währungen.

Anwendung der Blockchain-Technologie

Zusammengefasst stellt die Blockchain nur eine dezentralisierte Art der Datenspeicherung dar. Doch welche Daten sind das eigentlich genau bzw. was kann alles in einer derartigen „Block-Kette" festgehalten werden?

Nun, im Wesentlichen so ziemlich jede Art von Informationen. Die bekannteste und am weitesten verbreitete Anwendung ist natürlich Bitcoin bzw. allgemein die Kryptowährungen.

Doch dieses Gebiet war lediglich das erste, das die Technik angewendet hat. Daneben gibt es noch viele weitere Anwendungsgebiete für eine solch dezentralisierte Art der Datenübertragung und -speicherung, die teilweise auch schon umgesetzt werden.

Die wichtigsten praktischen Anwendungen der Blockchain-Technologie werde ich hier noch einmal kurz zusammenfassen. Einige davon kennen Sie schon aus den vorhergehenden Kapiteln[40], betrachten Sie die folgenden Punkte also gerne auch als Wiederholung. Sie wissen ja: Informationen, die man öfter (und aus verschiedenen Aspekten) wiederholt, werden besser abgespeichert. ;-)

Jedes dieser Themen für sich wäre eigentlich schon so spannend, komplex und umfangreich, dass man dazu eigene Bücher verfassen könnte. Da das hier aber ein möglichst praktischer Ratgeber zum Thema Kryptowährungen bleiben soll, werde ich solch externe Themen nur kurz streifen. Mir geht es im Kern darum, dass Sie das Prinzip der Blockchain-Technologie besser verstehen. Und dazu ist es entsprechend auch notwendig, dass

40 Blättern Sie dazu gerne einmal zum Abschnitt „Coin vs. Token" zurück. Dort haben wir schon einige Anwendungen der Blockchain betrachtet.

wir neben klassischen digitalen Währungen wie Bitcoin auch andere mögliche Gebiete ansprechen.

» **Smart Contracts**: Diese „intelligenten Verträge" können die Beglaubigung von wichtigen Verträgen – wie zum Beispiel beim Kauf von Immobilien – ersetzen. Statt von einer zentralen Instanz (wie einem Notar) werden die Verträge durch das weltweite Netzwerk, also dezentralisiert, abgewickelt.

» **DeFi**[41]: In diese Kategorie fallen alle Arten von finanziellen Dienstleistungen oder Transaktionen und somit auch die digitalen Währungen. Am Beispiel der Stablecoins oder XRP müssen das aber nicht immer neue Kryptowährungen sein. Es können auch die bestehenden Fiat-Währungen wie Euro, Dollar usw. zu einem gewissen Grad dezentralisiert werden. Blättern Sie gerne noch einmal zum Kapitel „Stablecoins – Altbekannte Devisen neu erfunden" zurück. Darin wird dieser Vorgang eingehender beschrieben.

» **Tokenisierte Vermögenswerte**: Auch diese Anwendung habe ich schon kurz angesprochen. Beispielsweise kann eine Immobilie oder auch ein Unternehmen über eine Blockchain und einen entsprechenden Token auf mehrere Besitzer aufgeteilt werden. Ein Vergleich sind börsengehandelte Unternehmen. Über die ausgegebenen Aktien wird das Unternehmen auf mehrere Investoren aufgeteilt. Bei einem tokenisierten Unternehmen (oder anderen Vermögenswert) übernimmt die Handelsüberwachung und Ausgabe der Anteile nicht etwa eine zentrale Börse, sondern eben wieder das weltweite Netzwerk aus Blockchain-Teilnehmern.

» **Produkte, Dienstleistungen und Lieferketten**: Diesen Anwendungsbereich kennen Sie schon aus meiner Vorstellung der Kryptowährung *VeChain*. Fassen wir es noch einmal zusammen: Sie kaufen ein beliebiges (physisches) Produkt

---

41 Abkürzung für engl. „decentralized finance" = dezentralisierte Finanzen

online. Wenn dies über eine Blockchain abläuft, dann sind sämtliche Produktionsschritte der Ware darin dokumentiert. Eine Fälschung kann also praktisch ausgeschlossen werden. Auch der Bezahlvorgang und der Versand werden dezentralisiert abgewickelt, was einen hohen Sicherheitsstandard sowohl für Sie als Käufer als auch alle anderen beteiligten Parteien bedeutet.

» **Dezentrales, zensurfreies Internet**: Auch wenn das Internet im Prinzip ein dezentrales Netzwerk ist, so haben doch einige große Konzerne sehr viel Einfluss darauf (Alphabet[42], Facebook, Microsoft, ...). Logischerweise bringt dies für uns als Nutzer nicht nur Vorteile. Es gibt aber bereits Initiativen und Projekte, die die „Macht über das Internet" durch Nutzung der Blockchain gleichmäßiger verteilen wollen. Beispiele hierfür sind: *Blockstack*, *Brave Browser* mit seinem *Basic Attention Token*, *Substratum* oder auch das Ihnen bereits bekannte *Polkadot*.

Brave Browser und sein nativer BAT-Token sind hier ein durchaus erwähnenswertes Projekt, das ich kurz vorstellen möchte. Die Initiative setzt sich für Datenschutz und Anonymität im Internet ein, indem der herausgegebene Browser das Surfverhalten zu 100 % anonymisiert und jegliche Werbung und *Tracker* von vornherein blockiert.

(Ad-)Tracker oder auch sogenannte „Cookies" sind übrigens kleine Mini-Programme, die ein herkömmlicher Browser beim normalen Surfen automatisch im Hintergrund herunterlädt. Einige dieser Codes dokumentieren das Surfverhalten der Nutzer und senden die Daten an ihren Herausgeber. Unternehmen wie Facebook und Alphabet nutzen sie, um zielgerichtete Werbung zu schalten. Haben Sie sich schon einmal gefragt, warum Sie z. B. vermehrt Anzeigen von Autoherstel-

42 Alphabet ist der Mutterkonzern hinter Google und vielen anderen bekannten Größen im Technologiebereich (Youtube, Gmail, Android-Smartphones zum Teil usw.).

lern sehen, wenn Sie ein paarmal nach Begriffen wie „Neuwagen" gesucht haben? Genau so funktionieren Cookies und Tracker.

Über das hauseigene und ebenfalls vollkommen anonymisierte System der Werbung werden neben den Erstellern von Inhalten (wie etwa YouTube-Videos) auch die Nutzer bzw. das Publikum der Werbung über den Basic Attention Token beteiligt. Die Betreiber der Plattform (wie YouTube bzw. Alphabet) werden ebenfalls bezahlt, deren Anteil ist aber weitaus geringer als bei der herkömmlichen Variante. Hier streichen sie den Großteil ein, während die eigentlichen Urheber nur einen relativ geringen Anteil erhalten.

Insgesamt halte ich persönlich das Projekt auch abseits von Kryptowährungen für sehr spannend und möchte Ihnen empfehlen, es sich einmal näher anzusehen. Wenn Ihnen Datenschutz und Privatsphäre so wichtig sind wie mir, dann könnte dieses Projekt auch für Sie eine mögliche Alternative zum herkömmlichen Surfen über Firefox oder Google Chrome sein.

» **Politische Wahlen und Abstimmungen**: Durch die Blockchain-Technologie kann dieser Vorgang für (fast) alle Parteien verbessert werden. Beispielsweise könnte bei entsprechender Implementierung jeder Wahlberechtigte bequem von zu Hause aus über das Internet abstimmen. Wahlbetrug kann durch die Unveränderbarkeit der Blockchain und ihre dezentrale Machtstruktur praktisch ausgeschlossen werden. Wenn dieses Thema auch sehr spannend und innovativ ist, so wird es wohl noch sehr lange dauern, bis sich ein derartiges System durchgesetzt hat und auch bei politischen Wahlen Anwendung findet. Gerade die Politik ist sehr träge in Bezug auf Neuerungen (Zitat von Angela Merkel: „*Das Internet ist für uns alle Neuland*" aus dem Jahr 2013!). Nebenbei gibt es leider auch in unseren Breitengraden immer noch Korruption und betrügerische Absichten. Somit wird ein solch sicheres System bei Wahlen wohl nicht von allen Seiten gern gesehen.

» **Crowdfunding für junge Unternehmen**: In den letzten Jahren hat sich für Start-ups neben der klassischen Kapitalbeschaffung durch beispielsweise Banken oder Großinvestoren auch das sogenannte *Crowdfunding* immer mehr etabliert. Hierbei können (statt einer großen Bank mit viel Kapital) viele Privatpersonen einen beliebigen und meist relativ geringen Geldbetrag in eine Idee oder ein neues Unternehmen investieren und das Projekt dadurch unterstützen. Oft erhalten die Investoren eine Gegenleistung in Form der später hergestellten Produkte bei erfolgreicher Realisierung des Projektes. Durch Tokenisierung kann auch dieser Vorgang dezentralisiert und sicherheitstechnisch optimiert werden. Statt einem zentralen Portal[43] übernimmt das Blockchain-Netzwerk die Überwachung.

Neben diesen Beispielen bietet das System hinter den Kryptowährungen wohl noch tausende mögliche Anwendungen für verschiedenste Bereiche. Ich denke aber, diese paar Punkte reichen aus, um Ihnen das Prinzip näherzubringen und die möglichen disruptiven Auswirkungen von Bitcoin und Co. vor Augen zu führen.

Voraussetzung dafür ist aber die Zusammenarbeit vieler verschiedener Interessengruppen. Und natürlich möchten Konzerne, Banken und Regierungen ihre Macht nicht unbedingt komplett abgeben und auf Nutzer, Kunden oder Bürger verteilen.

Entsprechend gibt es auch Gegenbewegungen, die die Einführung neuer Technologien – wie hier jene der Blockchain – behindern und in schlechtes Licht rücken möchten.

---

43 Die bekannteste Plattform für Crowdfunding ist übrigens kickstarter.com.

Wie Sie diese Angelegenheit sehen, ist natürlich Ihre Sache.

Prüfen Sie Ihr Verständnis:

Beantworten Sie diese Fragen für sich selbst und gehen Sie so sicher, das vorhergehende Kapitel wirklich verstanden zu haben. Überprüfen Sie anschließend Ihre Antworten anhand der nachfolgenden kleinen Zusammenfassung.

Sie haben alle Fragen richtig beantwortet? Glückwunsch, gehen Sie weiter zum nächsten Kapitel!

Sie haben eine oder mehrere Fragen nicht oder falsch beantwortet? In diesem Fall möchte ich Sie einladen, noch einmal zurückzugehen und das Kapitel zumindest zu überfliegen.

» Nennen Sie mindestens zwei bereits genutzte Anwendungsfälle für die Blockchain-Technologie!

» Nennen Sie mindestens drei weitere Bereiche, in denen die Blockchain bei erfolgreicher Implementierung eine Optimierung oder Verbesserung bewirken könnte und warum!

Das Wichtigste in Kürze:

- » Da es sich bei der Blockchain im Prinzip nur um eine (dezentrale) Datenbank handelt, kann diese Technologie in verschiedenen Bereichen auch außerhalb von Finanzen und Währungen eingesetzt werden.
- » Zu den spannendsten Einsatzgebieten zählen *DeFi* (dezentralisierte Finanzen), *Smart Contracts* (intelligente Verträge) und *tokenisierte Vermögenswerte*.
- » Zukünftig könnte die Blockchain für Innovationen in allen möglichen Bereichen sorgen, darunter politische Wahlen und Abstimmungen, Kapitalbeschaffung für junge Unternehmen und sogar physische Produkte.
- » Eine Voraussetzung für jede Art der Innovation ist immer die Zusammenarbeit verschiedener Interessengruppen, von denen nicht alle den Kryptowährungen freundlich gesinnt sind.

Technische Funktionsweise

Die grobe Funktionsweise der Blockchain-Technologie kennen Sie schon aus der Einleitung dieses Buches. Ich werde hier noch einmal in das Thema einsteigen und es dabei etwas eingehender betrachten. Da es sich um ein zutiefst technisches und mathematisches Gebiet handelt, könnten die folgenden Zeilen etwas trocken und theoretisch wirken. Ich werde versuchen, das Ganze mithilfe von Beispielen und bewusst vereinfachter Sprache etwas praktischer zu gestalten.

Lassen Sie sich bitte nicht verunsichern, wenn Sie nicht alles sofort zu 100 % verstehen. Für die bloße Investition in Kryptowährungen ist dieses Kapitel eigentlich nicht unbedingt notwendig. Trotzdem: Ein guter Investor versteht immer ganz genau, worin er sein Geld investiert! Lesen Sie sich daher das folgende Kapitel am besten zumindest einmal aufmerksam durch und recherchieren Sie dann bei Bedarf und weiterem Interesse selbstständig noch weiter.

Anmerkung: Ich empfehle hier vor allem natürlich das Internet und Google oder andere Suchmaschinen als kostenfreie Informationsquellen. Verlassen Sie sich aber bitte nicht auf nur eine einzige Quelle, sondern vergleichen Sie verschiedene Webseiten. Das Schöne am Internet ist ja bekanntlich, dass es für jeden zugänglich ist. Das macht es aber auch gefährlich, da sehr leicht (bewusst oder auch unbewusst) Falschinformationen verbreitet werden können.

Stellen Sie sich vor, Sie möchten Geld an Ihre Freundin Sabine senden. Da Sie den Betrag ungern per Post in einem Kuvert verschicken möchten, entscheiden Sie sich für die digitale Variante. Damit Probleme und Betrug ausgeschlossen werden können, muss diese Überweisung irgendwo festgehalten werden.

Senden Sie das Geld mithilfe einer Bank, dann werden alle Informationen zur Transaktion **zentral** auf den Servern von Ihrer und der Bank von Sabine gespeichert. Außerdem muss die Überweisung vor der Durchführung von beiden Finanzinstituten bestätigt und freigegeben werden. Sonst könnten Sie ja womöglich Geld versenden, das Sie gar nicht besitzen. Zusammengefasst obliegt der Bank also die Aufgabe der Überwachung, Durchführung und Dokumentierung der Überweisung. Das ist einerseits natürlich ein Vorteil für Sie, da Sie sich keine Sorgen machen müssen und durch diese zusätzliche Kontrollinstanz der Bank auch Dinge wie Geldwäsche und Terrorismusfinanzierung zumindest erschwert werden können. Auf der anderen Seite gibt dies der Bank auch in gewisser Weise die Macht über Ihr Geld. Wenn das Geldinstitut – aus welchem Grund auch immer – die Überweisung nicht freigibt, dann wird nichts passieren. Von der zentralen Machtstruktur einmal abgesehen gibt es auch Verbesserungspotenziale hinsichtlich Anonymität.

Bei Kryptowährungen funktioniert das alles etwas anders. Statt auf einem Server, wie bei der Banküberweisung, wird eine Transaktion bei Bitcoin und Co. in einem sogenannten „Block" gespeichert. Ein jeder solcher Block enthält sämtliche wichtigen Informationen zu mehreren Überweisungen, die weltweit ablaufen. Ein Block ist also ein Logbuch oder eine eigene kleine Datenbank über eine gewisse Anzahl von Transaktionen.

Ist ein solcher Block voll, dann wird ein neuer Block generiert, der mit dem jeweils vorherigen verkettet ist. Man erhält also eine Kette von Blöcken (engl. Blockchain), die sämtliche Informationen zu allen je getätigten Transaktionen enthält.

Wie viele Überweisungen pro Block gespeichert werden können, ist übrigens ganz unterschiedlich und hängt von der Blockchain bzw. der jeweiligen Kryptowährung ab. Die maximale

Anzahl wird beeinflusst von der maximalen Dateigröße des Blockes und von der Größe jeder einzelnen Transaktion. Beim Bitcoin fasst ein Block genau 1 Megabyte (= 1.000.000 Byte). Eine durchschnittliche Transaktion benötigt etwa 500 Byte. Dividiert man die Blockgröße durch die durchschnittliche Transaktionsgröße, dann erhält man hier die Zahl 2.000. In einem einzelnen Bitcoin-Block können also etwa 2.000 Transaktionen gespeichert werden, bis der Block voll ist.

Der Clou an dem ganzen System ist, dass diese Blockchain eben nicht auf einem einzelnen Computer gespeichert wird, sondern in einem weltweiten Netzwerk von vielen Tausend oder gar Millionen von Rechnern, die über das Internet verbunden sind (Stichwort: **dezentralisiert**). Wird nun eine neue Transaktion im Netzwerk getätigt, muss diese beim Bitcoin erst von mindestens 6 - 7 verschiedenen Knotenpunkten (also 6 - 7 einzelnen Rechnern) bestätigt werden. Erst danach ist sie gültig. Somit wird verhindert, dass ein einzelner Computer falsche Transaktionen in die Blockchain schreiben kann.

Für die Bestätigung der Überweisung werden diese Computer dann mit einem kleinen Geldbetrag in Form der jeweiligen Kryptowährung belohnt (man spricht hier auch vom sogenannten „*Mining*"). Eine Sendung ist also in der Kryptowelt immer mit gewissen Kosten verbunden. Diese halten sich aber sehr in Grenzen und liegen meist bei wenigen Cent oder Euro pro Transaktion (abhängig von vielen Faktoren wie Netzwerkauslastung, gewünschte Dauer der Überweisung usw.).[44]

Das Bitcoin-Netzwerk wird durch diese Knotenpunkte, die Transaktionen bestätigen und durchführen, am Laufen gehalten. Statt einer einzigen zentralen Kontrollinstanz (wie einer

---

44 Mehr dazu im Kapitel zum Thema „Mining" weiter hinten.

Bank) ist die Kontrolle entsprechend auf mehrere Teilnehmer auf der ganzen Welt verteilt.

Wir kennen jetzt also den Hintergrund der ersten ganz wichtigen Eigenschaft von Kryptowährungen und Blockchain-Technologie allgemein: Dezentralisierung. Ein weiterer entscheidender Punkt ist die Unveränderbarkeit, und diese sehen wir uns nun kurz an:

Um Missbrauch und Betrug zu verhindern, verfügt die Blockchain über eine Eigenschaft namens „*append-only*“[45]. Das bedeutet schlicht, dass nur neue Informationen (wie etwa Transaktionen) hinzugefügt werden können. Bereits gespeicherte Daten können nicht mehr entfernt oder verändert werden. Das ist schlicht technisch nicht möglich und wird von der Programmierung des Blockchain-Codes verhindert.

Die bereits angesprochene Verkettung aller Transaktionen (bzw. Blöcke derjenigen) ist ebenfalls ganz entscheidend für die Unveränderbarkeit. Konkret funktioniert das so, dass jeder neue Block eine Signatur oder in gewisser Weise eine „Zusammenfassung“ des ihm vorhergehenden Blockes enthält. Man kann sich das als einen unverwechselbaren Fingerabdruck vorstellen. Auch diese Verkettung kann nachträglich nicht geändert werden. Würde man nämlich einen Block bzw. eine einzelne Transaktion in der Mitte der Kette abwandeln, dann würde dies auch den folgenden Block verändern, was wieder den nächsten beeinflusst und so weiter. Wer also Daten ganz am Beginn der Blockchain modifizieren möchte, müsste die komplette Kette neu schreiben. Dazu wäre eine schier unvorstellbare Rechenleistung nötig, was in Zusammenhang mit der vorhin angesprochenen „*append-only*“-Eigenschaft eine nachträgliche

45 Englisch für „nur Anhang“. Es können also nur neue Informationen angehängt werden.

Beeinflussung durch einzelne Nutzer oder Rechner praktisch unmöglich macht.

Die Innovation an der ganzen Sache ist nicht etwa eine schwerfälligere Alternative zu Google Sheets[46], sondern die Tatsache, dass jeder Nutzer die Blöcke von anderen Teilnehmern des Netzwerks herunterladen und identische Kopien der Blockchain auf seinem Computer erstellen kann. Das ist der Zweck der zugrunde liegenden Software. Es kann also jeder mit einem normal funktionierenden Computer zum Netzwerk beitragen und Transaktionen bestätigen (siehe auch hier wieder das später folgende Kapitel „Mining").

Wenn aber praktisch jeder Mensch mit einem Rechner (oder sogar Handy) Überweisungen bestätigen und somit einen Block erschaffen kann, wie wird dann verhindert, dass einzelne Teilnehmer betrügen?

Sie könnten ja eigentlich auch einfach einen Block erstellen, in dem etwas steht wie „*Max Mustermann hat eine Million Bitcoins an mich gesendet*", oder?[47]

Ganz so einfach ist es natürlich nicht. Mithilfe von *Kryptografie*, *Spieltheorie* und einem sogenannten *Konsens-Algorithmus* hindert das System die Teilnehmer daran, Mittel auszugeben, die sie nicht ausgeben können sollten. Bei diesen drei Begriffen handelt es sich um komplexe mathematische Themen, die wir uns gleich noch (stark vereinfacht) ansehen werden.

In einem Satz zusammengefasst funktioniert eine Überweisung bei Kryptowährungen so, dass diese zuerst von mehreren Kno-

---

46 Google Sheets ist eine Online-Version von Microsofts Tabellenkalkulationsprogramm Excel.

47 Natürlich sieht eine Transaktion in der Blockchain nicht so aus wie hier dargestellt. Im Kapitel „Bitcoin - Die unbestrittene Nummer 1" finden Sie ein Beispiel für eine BTC-Transaktion.

tenpunkten (oder Minern) des Systems freigegeben werden muss. Eine nachträgliche Änderung oder Löschung der Daten ist praktisch nicht möglich.

Kryptografie, Spieltheorie, Konsens-Algorithmus

Wie schon erwähnt handelt sich besonders bei den letzten beiden Begriffen um eine Mischung aus mathematischen Gleichungen, Formeln und andere Operationen. Ganz allgemein und salopp gesagt geben diese drei Funktionen den Kryptowährungen und der Blockchain-Technologie ihre Sicherheit und machen sie so erst wirklich nutzbar. Erinnern Sie sich noch an die Beschreibung der Anfangszeit der Digitalwährungen? Ende der 1990er bis Anfang der 2000er Jahre wurde bereits versucht, ein digitales und dezentrales Zahlungssystem zu entwickeln. Diese Projekte scheiterten aber allesamt, und zwar unter anderem, da sie über kein derartiges – auf Mathematik und Rechenleistung beruhendes – Sicherheitskonzept verfügten.

Ich habe nun schon einige Male das Wort „Mathematik" verwendet und Sie denken vielleicht jetzt an Ihre Schulzeit mit irgendwelchen aus Ihrer (damaligen) Sicht komplizierten Rechenaufgaben. Dies mit den Konzepten der Blockchain zu vergleichen wäre aber in etwa so, also würde man einen Ferrari gegen ein Modellauto fahren lassen.

Die Mathematik, von der ich hier spreche, ist derart schwierig und komplex, dass kein Mensch sie mit purer Geisteskraft je lösen könnte. Stattdessen funktioniert dies nur noch durch die mittlerweile sehr leistungsfähigen Computer. Noch vor wenigen Jahrzehnten wäre also eine Technologie wie die Blockchain aufgrund der beschränkten Leistung der damaligen Rechner schlicht unmöglich gewesen.

Der Begriff „**Kryptografie**“[48] bedeutet eigentlich nichts anderes als „Verschlüsselung“. Schon vor dreitausend Jahren wurden Nachrichten verschlüsselt. Das diente damals vor allem in Kriegszeiten dazu, dass wichtige Informationen nicht dem Feind in die Hände fallen konnten. Diese Art der Verschlüsselung hat aber mit der modernen Kryptografie nicht mehr viel zu tun. Stattdessen ist heutzutage zumeist die Verschlüsselung von sensiblen Daten im Zuge des Datenschutzes gemeint. Wenn Sie sich auf einer Webseite mit einem Passwort einloggen, dann passiert dies (hoffentlich) verschlüsselt, damit Ihr Passwort geheim bleibt. Auch Messenger, wie WhatsApp, arbeiten mittlerweile weitgehend verschlüsselt. Hier geht es primär darum, dass Ihre Nachrichten und persönlichen Daten nicht von Dritten eingesehen werden können.

Beim Thema Blockchain und Kryptowährungen findet die Kryptografie grob gesagt zwei Anwendungsgebiete:

» Die bereits angesprochenen Blöcke der Blockchain werden verschlüsselt aneinandergehängt, damit eine nachträgliche Änderung verhindert oder zumindest erschwert wird.

» Die „Wallet“[49], in der Bitcoins und andere Kryptowährungen aufbewahrt werden, wird ebenfalls kryptografisch verschlüsselt, um sie vor unbefugtem Zugriff zu schützen. Das funktioniert, indem jede digitale Geldbörse über zwei „Schlüssel“ (engl. Keys) verfügt: den privaten Schlüssel (Private Key) und den öffentlichen Schlüssel (Public Key). Dies sind zwei verschiedene Codezeilen, bestehend aus Buchstaben und Zahlen. Den öffentlichen Schlüssel geben Sie als Empfänger an andere Nutzer weiter, damit diese die jeweilige Kryptowäh-

48 Das Wort stammt aus dem Griechischen und bedeutet übersetzt etwa „Geheimschrift“.

49 Eine Wallet ist eine digitale Geldbörse, in der Bitcoins und andere Kryptowährungen aufbewahrt und verschickt werden können. Ein möglicher Vergleich wäre ein klassisches Bankkonto.

rung an Ihre Wallet schicken können. Mehr kann man damit nicht machen. Den privaten Schlüssel hingegen sollten Sie niemals an jemanden weitergeben, da derjenige dadurch den uneingeschränkten Zugriff auf diese Geldbörse erhalten würde. Halten Sie den Private Key daher immer geheim und bewahren Sie ihn am besten auch nicht auf Ihrem Computer oder Handy auf (Stichwort: Hacker)![50]

Ein Public Key kann übrigens beispielsweise bei einer Bitcoin-Wallet folgendermaßen aussehen:
bc1qjudg3js38fvfq84ts2x4x8t5dde07et8yjd5g8

(Das ist tatsächlich der echte Public Key meiner persönlichen Wallet. Sie können es gerne einmal ausprobieren und einige Bitcoins dorthin schicken. ;-)

Die Kryptografie kennt viele verschiedene Methoden, Informationen zu verschlüsseln. Die meisten davon basieren auf komplexen mathematischen Strukturen wie *elliptischen Kurven, Ringen und endlichen Körpern*. Um komplexe Kryptografie zu entwickeln und eingehend zu beschreiben, ist daher ein tiefes Verständnis von Mathematik notwendig. Und da ich nicht über solch tiefe Kenntnisse verfüge, beenden wir dieses Thema an der Stelle. ;-)

Zusammengefasst ist Kryptografie also nichts anderes als die Verschlüsselung von Daten (bei uns vor allem Nutzerkonten) mithilfe komplexer Computer-Algorithmen.

Der zweite Begriff, die „**Spieltheorie**", beschreibt ein mathematisches Modell, mit der das (eigentlich sehr emotionsgesteuerte) menschliche Verhalten auf der Grundlage rationaler Entscheidungen untersucht wird. Die Regeln dieses „Spiels" sind

---

50 Mehr zum Thema „Wallet" und Sicherheit finden Sie im Praxisteil weiter hinten.

so gestaltet, dass die Teilnehmer animiert werden, möglichst nüchtern und emotionslos zu handeln.

Entwickelt und erstmals angewendet wurde die Spieltheorie von den Wirtschaftswissenschaften (VWL, BWL). Dabei wird das Verhalten verschiedener Teilnehmer eines Marktes, wie Unternehmen und Verbraucher, untersucht. Die Modelle werden aber mittlerweile auch in anderen Bereichen angewendet, darunter Politik, Soziologie, Psychologie und natürlich die Blockchain-Technologie mit ihren Kryptowährungen.

Das bekannteste und eines der einfachsten Beispiele für ein spieltheoretisches Modell ist das „Gefangenendilemma". Dabei wird eine Situation dargestellt, in der zwei Straftäter getrennt verhört werden und mehrere Entscheidungen mit entsprechend unterschiedlichen Konsequenzen treffen können. Ich werde hier nicht näher darauf eingehen, da es nicht unbedingt notwendig ist, um erfolgreich in Kryptowährungen zu investieren und diese zu nutzen. Ich möchte Ihnen aber empfehlen, einfach einmal das Internet nach dem Begriff „Gefangenendilemma" zu durchsuchen. Meiner Meinung handelt es sich um ein extrem spannendes Experiment, welches Ihnen die Spieltheorie sehr praktisch erläutern wird.

Nun aber genug der theoretischen Beschreibungen und Definitionen. Wie sieht das Ganze praktisch in Bezug auf die Blockchain aus?

Sie wissen bereits, dass eine Blockchain nichts anderes als eine dezentrale Datenbank ist. Das Netzwerk verfügt über viele Knotenpunkte auf der ganzen Welt. Damit nun eine Transaktion bzw. ein ganzer Block bestätigt werden kann, müssen mehrere dieser Knoten zusammenarbeiten, um eine Übereinstimmung zu finden. Da sich die Netzwerk-Teilnehmer aber nicht kennen, können sie sich eigentlich auch nicht gegenseitig vertrauen. Wie können also bösartige Aktivitäten von einzelnen Teilnehmern verhindert werden? Die Antwort findet sich in der Spieltheorie in Kombination mit dem Konsens-Algorithmus (mehr dazu weiter unten). Um das zu erklären, muss ich etwas vorgreifen und kurz das Thema „Mining" streifen.

Ich habe schon erwähnt, dass die teilnehmenden Rechner für das Bestätigen von Transaktionen eine Belohnung in Form der jeweiligen Kryptowährung erhalten. Dieses Bestätigen ist (je nach Art der Blockchain) mit relativ viel Aufwand verbunden. Ganz wichtig: Es erhalten nur diejenigen Teilnehmer überhaupt eine Belohnung, welche sich vollkommen ehrlich und konstruktiv verhalten.

Unehrliches Verhalten[51] wird also abgestraft, indem der jeweilige Knotenpunkt zwar den Aufwand der Bestätigungsarbeit hat, aber dafür schlicht keine Belohnung erhält.

Somit besteht die vernünftigste Entscheidung für alle Teilnehmer darin, ehrlich zu handeln und die Blockchain sicher zu halten.

Die Spieltheorie dient im Zusammenhang mit Kryptowährungen also dazu, dass alle Teilnehmer des Systems zu positivem und richtigem Verhalten animiert werden.

Kommen wir nun nach der Kryptografie und Spieltheorie zum dritten und letzten wesentlichen Sicherheitsgeber der Blockchain-Technologie: dem „**Konsens-Algorithmus**".

Konsens heißt so viel wie „Übereinstimmung" oder „Zustimmung". Ein Algorithmus ist im einfachsten Sinne ein Rechenvor-

---

51 Mit „unehrliches Verhalten" ist hier gemeint, dass ein Miner falsche Transaktionen erstellen und bestätigen könnte. Nach dem Motto: „Max Mustermann hat mir 10 000 Bitcoins gesendet."

gang nach einem bestimmten (sich wiederholenden) Schema. Somit handelt es sich bei einem Konsens-Algorithmus um einen repetitiven Rechenvorgang, mit dem eine Übereinstimmung gefunden werden soll. Beachten Sie die Ähnlichkeit zu Kryptografie und Spieltheorie! Im Endeffekt geht es bei allen drei Begriffen um ähnliche Themen, nur mit unterschiedlichen Vorgehensweisen.

Wie bei den letzten beiden beruht auch dieses Prinzip auf mathematischen Aufgaben. Wir kreuzen hier auch bereits stark das Thema des Minings, welches aber im nächsten Kapitel noch eingehender beschrieben wird.

Ein Konsens-Algorithmus stellt eine Möglichkeit der Koordination in einem dezentralen System dar. Ziel ist es, dass sich das gesamte Netzwerk auf eine einzige (übereinstimmende) Wahrheit einigt. Und das auch, wenn einige Teilnehmer destruktive Absichten haben oder schlicht unbeabsichtigte Fehler machen. Es geht also darum, eine möglichst hohe Toleranz gegen Fehler jeder Art zu schaffen.[52]

In einem zentralen System, wie dem herkömmlichen Finanz- und Bankensystem, hat die zentrale Kontrollinstanz (= die Bank bzw. Notenbank) die gesamte Macht und kann theoretisch alles nach Belieben manipulieren. Ihre Bank könnte Ihr Konto also einfrieren oder den Kontostand mit einem Klick verändern. (Natürlich sind Sie durch das Gesetz vor derartiger Manipulation geschützt. Dennoch: Die Macht bleibt letztendlich bei der Bank oder auch beim Staat.) Dabei gibt es natürlich noch viele weitere Bereiche, in denen diese zentralisierte Architektur angewendet wird. Wir verwenden hier nur das Finanzsystem, da es sich leicht mit Kryptowährungen vergleichen lässt.

---

52 Bei weiterem Interesse suchen Sie einfach einmal im Internet nach „Byzantinische Fehlertoleranz". Der Begriff beschreibt eine Art des Konsens-Algorithmus auf Basis der Mathematik

Aber in einer dezentralisierten Struktur wie bei Bitcoin und Co. sieht das schon ganz anders aus. Wenn viele Teilnehmer in einer verteilten Datenbank – wie der Blockchain – zusammenarbeiten sollen, dann ist es natürlich ebenso wichtig wie auch schwierig, hier einen gemeinsamen Nenner zu finden, dem zumindest der Großteil der Teilnehmer zustimmt.

Das Prinzip eines Konsens-Algorithmus ähnelt einer Kombination von Kryptografie und Spieltheorie. Zu Ersterem haben wir schon gehört, dass jede sogenannte Wallet (Krypto-Geldbörse bzw. -Konto) einen geheimen Private Key besitzt. Mit diesem erhält man uneingeschränkten Zugang zur jeweiligen Wallet inklusive der darauf gelagerten Coins. Geschützt wird dieser Key eben durch Verschlüsselung mittels komplexer Kryptografie. Doch wie wird eigentlich ermittelt und bestätigt, wie viele Coins sich in jeder Wallet befinden und wie wird dieser Betrag vor Manipulation geschützt? Hier kommt endlich der Konsens-Algorithmus zum Einsatz. Im Endeffekt wird fehlerhaftes oder betrügerisches Verhalten abgestraft, während eine ordnungsgemäße Bestätigung der Kontostände belohnt wird. Nach der Spieltheorie (siehe weiter oben) werden sich logischerweise die Teilnehmer bemühen, nach bestem Wissen und Gewissen zu arbeiten und eine gemeinsame Übereinstimmung zu finden.

Der letzte Baustein, den wir brauchen, ist Transparenz. Wir müssen in der Lage sein, zu erkennen, wenn jemand wider Erwarten betrügt. Im Idealfall sollte es für die Betrüger kostspielig sein, Blöcke zu produzieren, aber günstig für jeden, um sie zu validieren. Dadurch wird sichergestellt, dass die bestätigenden Rechner von regelmäßigen Benutzern kontrolliert werden können. Dabei gibt es mittlerweile verschiedene Arten von Konsens-Algorithmen. Der bekannteste ist das sogenannte „*Proof-of-Work*"-Prinzip, welches auch beim Bitcoin angewendet wird. Auch bekannt ist „*Proof-of-Stake*". Genauer befassen wir uns mit diesen Themen im nächsten Kapitel.

Zusammengefasst kann man zum Konsens-Algorithmus sagen, dass er (neben Kryptografie und Spieltheorie) für ein funktionierendes und fehlertolerantes dezentrales System von essenzieller Bedeutung ist. Dabei wird diese Art der Übereinstimmungsfindung heute nicht mehr nur bei digitalen Geldsystemen wie Kryptowährungen verwendet, sondern auch in allen anderen Anwendungsarten der Blockchain-Technologie.

Ein Konsens-Algorithmus ist also nichts anderes als eine Möglichkeit, eine Übereinstimmung unter mehreren Teilnehmern (der Blockchain) zu finden.

So, jetzt haben Sie die Eckpfeiler der Blockchain-Technologie kennengelernt. Ob Sie das System nun für sicher genug halten oder nicht, das bleibt Ihre Sache. Meine persönliche Meinung können Sie wahrscheinlich an meiner Begeisterung für die Sache schon erahnen. Dabei möchte ich noch einmal erwähnen, dass es sich bei den Themen Kryptografie, Spieltheorie und Konsens-Algorithmus um enorm komplexe Anwendungen der Hochmathematik handelt, die wir hier nur sehr stark vereinfacht behandelt haben. Man könnte mit jedem dieser Begriffe ganze Bücher füllen (Und die gibt es sogar!), ich habe aber mein Ziel mit diesem Ratgeber schon erreicht, wenn Sie das Prinzip begreifen und entsprechend verstehen, welche doch sehr innovativen Sicherheitskonzepte hinter Bitcoin und Co. stecken.

Prüfen Sie Ihr Verständnis:

Beantworten Sie diese Fragen für sich selbst und gehen Sie so sicher, das vorhergehende Kapitel wirklich verstanden zu haben. Überprüfen Sie anschließend Ihre Antworten anhand der nachfolgenden kleinen Zusammenfassung.

Sie haben alle Fragen richtig beantwortet? Glückwunsch, gehen Sie weiter zum nächsten Kapitel!

Sie haben eine oder mehrere Fragen nicht oder falsch beantwortet? In diesem Fall möchte ich Sie einladen, noch einmal zurückzugehen und das Kapitel zumindest zu überfliegen.

- Beschreiben Sie kurz die grundsätzliche Funktionsweise einer Krypto-Überweisung!
- Was ist eine Blockchain (ganz stark vereinfacht)?
- Nennen Sie die beiden wichtigsten Eigenschaften der Blockchain! Welchen Zweck erfüllen diese Eigenschaften?
- Was versteht man unter den Begriffen „*Kryptografie*", „*Spieltheorie*" und „*Konsens-Algorithmus*" ganz grob und welchen Zweck erfüllen diese bei Kryptowährungen?

Das Wichtigste in Kürze:

» Für die bloße Investition in Kryptowährungen ist ein Verständnis für deren technische Funktionsweise nicht unbedingt nötig. Dennoch ist es ein interessantes Thema und etwas Grundwissen schadet gewiss nicht.

» Stark vereinfacht ausgedrückt ist eine Blockchain nichts anderes als eine (dezentrale) Datenbank.

» Zwei wichtige Besonderheiten der Blockchain: Man kann nur neue Daten hinzufügen, sie aber im Nachhinein nicht mehr abändern oder gar löschen und es sind sämtliche Datensätze oder „Blöcke" miteinander verbunden bzw. „verkettet" (daher auch der Name).

» Durch diese beiden Eigenschaften ergibt sich eine praktische Unveränderbarkeit der Blockchain.

» Für die Überprüfung der Richtigkeit jeder einzelnen Überweisung und der Kontostände aller Teilnehmer wird mithilfe von „Spieltheorie", „Konsens-Algorithmus" und „Kryptografie" gesorgt. Dabei handelt es sich um komplexe mathematische Operationen, die wiederum dezentral über das Netzwerk abgewickelt werden.

Und was ist jetzt dieses „Mining"?

Auch wenn wir uns nun schon recht eingehend mit der Blockchain beschäftigt haben, fehlt noch ein ganz wesentliches Puzzlestück, um die Technologie und Kryptowährungen vollumfänglich verstehen zu können. Dieses Thema ist das sogenannte „*Mining*", oder zu Deutsch auch gerne „*Schürfen*", von Kryptowährungen. Wahrscheinlich haben Sie zumindest schon einmal davon gehört, wissen aber nicht so genau, was es damit auf sich hat.

Viele Laien denken, beim Mining handle es sich um die schlichte „Erschaffung aus dem Nichts" von neuen Bitcoins und anderen Kryptowährungen. Das trifft zwar vom Prinzip her zu, ist aber nur die halbe Wahrheit.

Sie haben bereits mehrmals gelesen, dass der Bitcoin eine sogenannte „*Hard Cap*" (= maximale Anzahl an Coins) von genau 21 Millionen besitzt. Es wird also niemals mehr als genau 21 000 000 Bitcoins geben. Es sind aber bei weitem noch nicht alle davon verfügbar. Zum momentanen Zeitpunkt gibt es eine Umlaufversorgung von etwa 18,7 Millionen Bitcoins, es fehlen also noch 2,3 Mio. bis zur Grenze. Und diese fehlenden Bitcoins müssen erst noch – eben durch das Mining – „geschürft" bzw. erschaffen werden.

Trotzdem geht es beim Mining nicht darum, einfach nur Bitcoins oder andere Kryptowährungen irgendwie zu erzeugen. Vielmehr ist dieser Vorgang ein enorm wichtiger Stützpfeiler der Blockchain-Technologie.

Übrigens: In den knapp zwölf Jahren seit der Entwicklung von Bitcoin wurden bereits knapp 90 % der Gesamtanzahl geschürft. Dennoch wird es laut Berechnungen noch bis zum

Jahr 2140 dauern, bis der letzte Bitcoin geschürft ist. Der Grund dafür liegt in der (bewussten) progressiven Erhöhung der Schwierigkeit im Mining. Es wird also immer schwerer und aufwändiger, neue Bitcoins zu schürfen.

Wir haben im letzten Kapitel gelernt, dass eine Transaktion beispielsweise im Bitcoin-Netzwerk von mehreren Stellen bestätigt werden muss, ehe sie wirklich durchgeführt wird. Es gibt also verschiedene Teilnehmer in diesem System. Auf der einen Seite stehen die Nutzer (wie ich und vielleicht bald auch Sie), die einfach nur mit Bitcoins handeln oder in diese investieren möchten. Auf der anderen Seite stehen jene „Knotenpunkte" des Netzwerkes, welche die Transaktionen bestätigen, die sogenannten *Miner*[53]. Diese zahlreichen und weltweit verteilten „Bestätiger" sind somit extrem wichtig für das Netzwerk, da sie eine sichere und funktionierende Blockchain erst ermöglichen. Dabei gilt: Je mehr Knotenpunkte es in einem Netzwerk gibt und je gleichmäßiger diese hinsichtlich Rechenleistung und Standort verteilt sind, desto stabiler und sicherer ist das System.

Auch das trägt dazu bei, dass Bitcoin allgemein als die wahrscheinlich sicherste Kryptowährung angesehen wird (zumindest hinsichtlich Fehlertoleranz; der Kurs schwankt trotzdem, was eine andere Art von Risiko darstellt). Als erste und bekannteste Kryptowährung verfügt er über die mit Abstand meisten Miner, was ihn praktisch immun gegen eine 51 %-Attacke bzw. gegen eine Übernahme der Blockchain macht.

Dabei gilt das demokratische Gleichheitsprinzip: Jeder und jede NutzerIn kann ohne größere Probleme gleichzeitig auch als Miner auftreten und so das Netzwerk unterstützen und neue Bitcoins erzeugen. Alles, was Sie dazu benötigen, ist ein Com-

53 In der Fachwelt wird auch gerne der Begriff „Node" verwendet. Es handelt sich dabei aber im Prinzip um Synonyme, weshalb wir beim bereits bekannten Ausdruck bleiben werden.

puter und die entsprechende Software, die Sie sich kostenlos aus dem Internet herunterladen können. Ob sich das für Privatpersonen eventuell auch finanziell lohnen kann, das sehen wir uns später noch genauer an.

Anmerkung: Wie wir bereits wissen, ist die Blockchain ein dezentrales oder auch „demokratisches“ System. Die Mehrheit entscheidet also, was richtig ist und gemacht wird. Bei kleinen Blockchains kann es zu einer sogenannten 51 %-Attacke kommen, wenn ein einziger oder eine kleine Gruppe von Minern mehr als 50 % der Rechenleistung zum System beisteuert. Da dies die Mehrheit ausmacht, wäre die Blockchain dadurch sehr manipulierbar. Bei großen und etablierten Blockchains und Kryptowährungen ist dies aber praktisch nicht möglich, da man dafür eine absurd hohe Rechenleistung benötigen würde.

Gehen wir einfach einmal den Prozess einer Transaktion durch. Angenommen, Sie möchten 100 € per Bitcoin an Ihre Freundin Lisa schicken. Diese hat Ihnen den Public Key ihrer Wallet gegeben und Sie haben ihn in Ihrer eigenen Geldbörse als Empfänger eingegeben. Wenn auch vergleichsweise günstig, so ist eine Bitcoin-Überweisung (wie bei allen anderen Kryptowährungen) doch nicht komplett kostenlos. Sie müssen also eine kleine Transaktionsgebühr in Höhe von einigen Cent bis Euro bezahlen. Wenn Sie die Sendung jetzt abschicken, wird davon diese Gebühr abgezogen und die Überweisung wartet auf Bestätigung durch die Miner (sie hängt also eine Zeit lang „in der Schwebe“). Irgendwann greift ein erster Miner die Transaktion auf und bestätigt sie. Wie wir aus dem letzten Kapitel schon wissen, muss der Knotenpunkt dafür komplizierte mathematische Operationen lösen, was sehr viel Rechenleistung benötigt. Wenn genug „Validatoren“ die Überweisung bestätigen (beim Bitcoin zwischen 6 und 9), wird sie im nächsten Block abgespeichert, welcher dann wiederum der Blockchain angehängt wird, wenn er voll ist. Sobald dieser Block der Blockchain angehängt und somit unveränderbar abgespeichert wird, gilt die Transaktion als erledigt und Lisa sieht das Geld in ihrer Wallet.

Das hört sich jetzt nach einem aufwändigen und komplexen Prozess an, was es auch ist![54] Dabei dauert das ganze Prozedere in der Regel nicht länger als maximal wenige Stunden, zumindest beim Bitcoin. Bei Ethereum geht es aufgrund seiner veränderten Technologie grundsätzlich deutlich schneller (meist nur einige Minuten). Bei XRP geht alles sogar nochmal in kürzerer Zeit vonstatten (wenige Sekunden bis zwei Minuten).

Wichtig zu beachten ist auch, dass Sie als Nutzer selbst die Geschwindigkeit Ihrer Überweisung steuern können. Je nachdem, wie viel oder wenig Transaktionsgebühr Sie selbst einstellen, wird Ihre Sendung schneller oder langsamer durchgeführt. Das liegt daran, dass die Gebühr eben nicht einfach „verschwindet", sondern zur Gänze an die Miner geht. Logischerweise bevorzugen diese also Transaktionen, an denen sie mehr verdienen. In den meisten Wallet-Apps und anderen Anwendungen können Sie frei einstellen, welche Gebühr Sie als Versender bezahlen möchten. Je höher die bezahlte Gebühr, desto höher die Priorität der Transaktion. Dabei kann es auch passieren, dass bei einer zu gering eingestellten Gebühr die Überweisung „hängen bleibt", wenn immer wieder neue Transaktionen von anderen Nutzern nachkommen, die deutlich höhere Gebühren bezahlen. Aufgrund dessen wird in den meisten Wallets auch eine Empfehlung angegeben, welche Gebühr man mindestens für welche Transaktionsgeschwindigkeit eingeben sollte. Die Miner erhalten also für ihre Arbeit als Belohnung die bezahlte Überweisungsgebühr von den Nutzern. Doch woher kommen nun die ganzen neuen Bitcoins?

54 Tatsächlich habe ich den Vorgang hier wieder einmal nur stark vereinfacht dargestellt. In der Realität sieht das nochmals deutlich komplizierter aus.

Nun, die Bestätiger erhalten eben NICHT NUR die Transaktionskosten als Vergütung, sondern auch noch etwas mehr obendrauf. Dieser Betrag wird bildlich gesprochen von der Blockchain direkt ausgeschüttet und dessen Höhe ist entsprechend softwaretechnisch geregelt. Bei einigen Kryptowährungen ist er fix festgelegt, bei anderen schwankt er abhängig von verschiedenen Umständen und bei wieder anderen wird diese Belohnung mit der Zeit immer geringer.

In diesem Zusammenhang möchte ich auch noch den Begriff „**Halving**" (engl. „Halbierung") ansprechen, den Sie eventuell auch schon aus anderen Quellen kennen. Meist ist hier das *Bitcoin-Halving* gemeint, welches etwa alle vier Jahre auftritt (zuletzt im Mai 2020). Es handelt sich dabei um die Halbierung der Belohnung pro geschürftem Block. Sie erinnern sich: Es wird nie mehr als 21 Millionen Bitcoins geben, das ist im Quellcode von Bitcoin festgelegt und kann praktisch nicht mehr geändert werden. Und obwohl schon knapp 90 % aller BTC geschürft wurden, wird es noch bis zum Jahr 2140 dauern, bis der letzte Coin erschaffen ist. Der Grund dafür ist dieses Halving. Grob beschrieben wird die Belohnung für das Bestätigen von Transaktionen nach einer bestimmten Anzahl von Blöcken immer wieder halbiert. Die Miner erhalten zwar immer die volle Transaktionsgebühr, nur die zusätzliche Vergütung in Form neu erschaffener Bitcoins wird immer geringer. Zu Beginn wurden pro Block noch ganze 50 BTC ausgegeben. Im Jahr 2012 sank dieser Wert der alle 10 Minuten neu ausgegebenen Bitcoins auf 25. Im Jahr 2016 fiel er wiederum von 25 auf 12,5. Und seit der letzten Halbierung im Jahr 2020 werden nur noch 6,25 Bitcoins pro Block geschürft. Das nächste Halving steht im Jahr 2024[55] an. Ab dann gibt es nur noch 3,125 BTC pro Block. Die Termine für die jeweiligen Halvings richten sich nach der Anzahl der

55 Genauer gesagt ist der 15. März 2024 der geschätzte Tag des Halvings (laut aktuellen Prognosen). Suchen Sie dafür gerne auch einmal die Stichworte „Bitcoin Halving Countdown" bei Google.

geschürften Blöcke. Im Code der Blockchain ist wiederum hinterlegt, bei welchem Block ein Halving ansteht (Das kann man sich vorstellen wie: „Direkt nach Block 10 000 steht das nächste Halving an.“).

Wenn in knapp 120 Jahren einmal der letzte Bitcoin geschürft wurde, dann funktioniert das System natürlich ganz normal weiter. Nur erhalten die Miner dann eben nur noch ihre Belohnung in Form der bezahlten Transaktionsgebühr und nichts mehr obendrauf.

Prüfen Sie Ihr Verständnis:

Beantworten Sie diese Fragen für sich selbst und gehen Sie so sicher, das vorhergehende Kapitel wirklich verstanden zu haben. Überprüfen Sie anschließend Ihre Antworten anhand der nachfolgenden kleinen Zusammenfassung.

Sie haben alle Fragen richtig beantwortet? Glückwunsch, gehen Sie weiter zum nächsten Kapitel!

Sie haben eine oder mehrere Fragen nicht oder falsch beantwortet? In diesem Fall möchte ich Sie einladen, noch einmal zurückzugehen und das Kapitel zumindest zu überfliegen.

» Von wem werden Überweisungen bei Kryptowährungen bestätigt und wie funktioniert dies?

» Was ist „Mining“ grob erklärt?

» Wie setzt sich die Vergütung der Miner zusammen?

» Was ist das „Halving“?

» Welchen Einfluss haben Nutzer auf die Geschwindigkeit einer Krypto-Transaktion?

Das Wichtigste in Kürze:

- Eine Krypto-Überweisung muss immer von mehreren Knotenpunkten des Netzwerkes bestätigt werden, bevor sie durchgeführt wird. Beim Bitcoin benötigt man mindestens 6 - 9 Bestätigungen. Dadurch wird die oft angesprochene Dezentralität gewährleistet.
- Beim sogenannten „*Mining*" oder auch „*Schürfen*" stellt man die Rechenleistung seines Computers der Blockchain zur Verfügung. Der Rechner wird dadurch zu einem Knotenpunkt des Netzwerks und bestätigt Transaktionen. Im Gegenzug erhält man eine Vergütung in Form der jeweiligen Kryptowährung.
- Diese Vergütung besteht aus den Transaktionskosten, die die Nutzer des Coins bezahlen.
- Dazu kommt noch ein kleiner „Extra-Bonus". Es werden also quasi von der Blockchain weitere Coins erzeugt und ausgeschüttet, wodurch sich deren Gesamtanzahl erhöht.
- Bei vielen Kryptowährungen mit *Hard-Cap* (begrenzte maximale Versorgung) wird diese Zusatz-Belohnung mit der Zeit geringer, man spricht vom sogenannten „*Halving*".
- Jeder Nutzer kann die Geschwindigkeit seiner Überweisung weitgehend selbst bestimmen, indem er eine höhere (⇨ schneller) oder geringere Transaktionsgebühr (⇨ langsamer) bezahlt.

Proof-of-Work vs. Proof-of-Stake

Im Zusammenhang mit Mining fallen oft auch Begriffe wie „*Proof-of-Work*“[56] oder „*Proof-of-Stake*“[57]. Diese beiden sind dabei nur die bekanntesten, wobei ersterer klar überwiegt. Daneben gibt es aber auch bereits weitere neuere Arten der Konsensfindung in der Blockchain, wie beispielsweise „*Proof-of-Burn*“.

Wenn Sie jetzt verwirrt sind und keine Ahnung haben, wovon ich rede, dann ist das natürlich vollkommen verständlich. Ich habe ja auch gerade einfach nur mit Fachbegriffen um mich geworfen.

Zur Erklärung muss ich etwas ausholen und noch einmal auf den bereits erklärten „Konsens-Algorithmus“ aufbauen. Dabei ging es ja darum, einen Konsens bzw. eine Übereinstimmung unter den verschiedenen Teilnehmern der Blockchain zu schaffen. Und genau hier kommen diese ganzen „*Proof-of-...*“-Begriffe zu tragen. Es handelt sich dabei nämlich um nichts anderes als verschiedene Arten von Konsens-Algorithmen. Der Standard in der Branche ist nach wie vor die Bestätigung durch Arbeit, mit der auch Bitcoin und Ethereum betrieben werden.

Proof-of-Work

Dieses Prinzip habe ich eigentlich schon im Kapitel zum Konsens-Algorithmus beschrieben. Wenn zum Beispiel eine Bitcoin-Transaktion durchgeführt werden soll, dann hängt diese nach der Freigabe des Benutzers zuerst einmal in der Schwebe

---

56 Englisch für „Bestätigung der Arbeit“, sinngemäß eher „Bestätigung durch Arbeit“. Gemeint ist die Rechenarbeit der Bestätiger beispielsweise im Bitcoin-Netzwerk.

57 Englisch für „Bestätigung von Einsatz“, sinngemäß eher „Bestätigung durch Einsatz“. Im Gegensatz zum Proof-of-Work-Prinzip erfolgt die Bestätigung hier dadurch, dass die Bestätiger des Systems keine großartige Arbeit erbringen, aber dafür einen gewissen Geldbetrag einsetzen (quasi wie bei Sportwetten).

und wartet, bis sie vom ersten Miner aufgegriffen, geprüft und freigegeben wird. Sobald das von 6 bis 9 Knotenpunkten erledigt ist (und diese einen Konsens gefunden haben), wird die Transaktion im nächsten Block abgelegt, welcher wiederum an die Blockchain angehängt wird. Erst danach kommt das Geld beim Empfänger an und die beteiligten Miner erhalten ihre Belohnung in Form der Transaktionskosten plus den dabei neu erschaffenen Coins.

Wie Sie sich denken können, gibt es leider immer wieder schwarze Schafe, die dieses System unter Umständen zu ihrem eigenen Vorteil ausnutzen möchten und sich schädlich verhalten[58]. Damit das vermieden wird, müssen die Teilnehmer auch immer erst etwas „investieren", bevor sie ihre Belohnung erhalten. Und die Vergütung bekommen sie dann entsprechend auch nur, wenn sie sich richtig verhalten und nach bestem Wissen und Gewissen arbeiten. Andernfalls verlieren sie ihr „Investment", ohne eine Gegenleistung zu bekommen.

Beim Proof-of-Work- oder auch PoW-Prinzip sieht diese Investition so aus, dass die Computer quasi ihre Rechenleistung einsetzen. Soll heißen: Um eine Transaktion bestätigen zu können, muss der jeweilige Miner höchst komplexe mathematische Probleme lösen, welche vom Quellcode der Blockchain selbst ausgegeben werden. Bei erfolgreicher Lösung der Aufgaben wird die Transaktion freigegeben und es geht wie oben beschrieben weiter. Der Einsatz der Miner gestaltet sich also in der Rechenleistung der Computer, die verwendet werden. Da diese mathematischen Aufgaben sehr aufwändig zu lösen sind, verbraucht so ein Rechner enorm viel Energie in Form von elektrischem Strom, welcher natürlich nicht kostenlos ist.

58 „Schädliches Verhalten" könnte wiederum etwa so aussehen, dass ein Miner falsche Transaktionen erstellen und bestätigen möchte.

Entsprechend wird sich der jeweilige Mining-Rechner bemühen, auch wirklich gut zu arbeiten und seine Belohnung zu erhalten, da er sonst einfach auf der Stromrechnung sitzen bleibt, ohne etwas dafür zu bekommen. Bei großen und etablierten Kryptowährungen ist die Messlatte unglaublich hoch angelegt. Man kann zwar grundsätzlich jeden normal funktionierenden Computer zum Mining verwenden, um wirklich mit anderen Minern konkurrieren zu können, bräuchten Sie aber wahrscheinlich eine ganze Lagerhalle voller spezieller Hardware, um die Chance zu haben, einen gültigen Block zu produzieren.[59]

PoW wurde erstmals beim Bitcoin im Jahr 2009 eingesetzt, aber das Prinzip gibt es eigentlich schon länger – zumindest theoretisch. Nach wie vor wird es von allen Bestätigungs-Systemen am häufigsten angewandt und bietet wahrscheinlich die höchste Sicherheit. Es ist für die Blockchain sehr einfach zu überprüfen, ob Sie tatsächlich ordnungsgemäß gearbeitet und den richtigen Block erstellt haben. Sie muss Ihre Daten nur einmal durch die entsprechende Funktion laufen lassen. Wenn Ihre Eingaben ein gültiges Ergebnis erzeugen, wird der Block akzeptiert und Sie erhalten eine Belohnung. Andernfalls wird er vom Netzwerk abgelehnt, und Sie haben Zeit und Strom verschwendet.

Aber wo Licht ist, ist immer auch Schatten. Der enorm hohe Stromverbrauch beim Mining wird mittlerweile stark kritisiert. Alleine das Bitcoin-Netzwerk verbraucht laut aktuellen Schätzungen (Anfang 2021) so viel Strom wie das Land Argentinien!

Die ganze Energie muss logischerweise auch irgendwo herkommen und erst erzeugt werden. Und da die weltweite Stromversorgung sich noch immer stark auf Kohle-, Gas- und

---

59 Ob sich Mining also überhaupt für Privatleute lohnt und man damit Geld verdienen kann, ist fraglich und nicht so einfach zu beantworten. Einige Zeilen dazu finden Sie weiter hinten im Buch.

andere nicht umweltfreundliche Kraftwerke stützt, können Sie sich wohl vorstellen, dass das nicht gerade nachhaltig für unseren Planeten sein kann. Ich möchte hier keinesfalls als Umweltschützer oder Moralapostel auftreten. Trotzdem muss ich den hohen Stromverbrauch und die daraus resultierende Umweltbelastung durch Bitcoin und andere Kryptowährungen mit PoW-Prinzip ansprechen.

Ein weiterer Nachteil liegt in der schwierigen Skalierbarkeit. Durch den hohen Rechenaufwand von PoW kann die Anzahl der Transaktionen nicht unbegrenzt erhöht werden. Bei einer stetig wachsenden Anzahl von Nutzern und somit Transaktionen dauern die Überweisungen also immer länger.

Proof-of-Work ist also letztlich nichts anderes als ein System, das Ressourcen verbraucht, um Daten zu produzieren. Dadurch wird sichergestellt, dass die Miner etwas investieren müssen, um Transaktionen zu bestätigen, was die Blockchain sicher halten soll.

Proof-of-Stake

Das Proof-of-Stake- oder auch PoS-Prinzip wird allgemein als das am zweitmeisten diskutierte und verwendete Konzept zur Bestätigung von Transaktionen angesehen. Trotzdem liegt es weit abgeschlagen hinter Proof-of-Work und wird aktuell nur bei einigen wenigen Kryptowährungen angewendet. In der Anfangszeit von Bitcoin wurde es sogar als Alternative vorgeschlagen, konnte sich aber nicht gegen PoW durchsetzen.

Im Gegensatz zum klassischen Mining bei der Bestätigung durch Arbeit wird hier keine hohe Rechenleistung mit entsprechendem Energieverbrauch „investiert". Es gibt eigentlich bei PoS gar keine „Miner" oder spezielle Knotenpunkte, die Transaktionen validieren. Vielmehr kann jeder Nutzer oder Besitzer einiger Coins der jeweiligen Kryptowährung als Bestätiger von Transaktionen auftreten!

Wenn Sie eine kleine Menge eines PoS-Coins in Ihrer Krypto-Wallet haben, dann können Sie ohne großen Aufwand auch als Knotenpunkt auftreten, Transaktionen bestätigen und dadurch weitere Coins verdienen!

Das funktioniert, indem statt einer externen Ressource (wie elektrischer Energie) ein kleiner Betrag der entsprechenden Digitalwährung eingesetzt wird. Man braucht also keinen Mining-Computer – es genügt ein entsprechendes Smartphone oder ein normaler PC, auf dem die Staking-Wallet[60] für die jeweilige Kryptowährung gespeichert ist. Teilweise gibt es auch Anbieter, bei denen man die Wallet in einer Cloud „auslagern" kann.[61]

Dabei unterscheiden sich die Protokolle, es gibt aber zumeist einen gewissen Mindestbetrag, den man einbringen muss, um für das Staking akzeptiert zu werden.

In dieser speziellen Wallet werden die Coins eingelagert und können nicht bewegt werden, solange sie am Staking teilnehmen. Die Nutzer behalten aber in jedem Fall die Kontrolle und können die Coins nach eigenem Ermessen wieder aus dem Staking entfernen und (meist nach einer gewissen Haltefrist) auch wieder nach Belieben bewegen. Es gibt aber Ausnahmen, wo die Gelder für eine gewisse Mindest-Haltezeit gesperrt werden müssen und in dieser Zeit nicht ausbezahlt werden können.

60 Dabei handelt es sich um eine spezielle Art von Krypto-Geldbörse, auf der die Coins für die Zeit des Stakings gelagert werden. Wichtig zu beachten ist, dass die Gelder trotzdem im Besitz des Wallet-Nutzers bleiben und nicht irgendwo extern gelagert werden.

61 Beachten Sie aber, dass Sie damit in den meisten Fällen auch die Kontrolle über das Geld an den jeweiligen Anbieter abgeben.

In der Regel werden Sie mit anderen „Stakern" darüber abstimmen, welche Transaktionen in den nächsten Block aufgenommen werden sollen. Wenn Ihr Block ausgewählt wird, erhalten Sie einen Anteil der Transaktionsgebühren, abhängig von Ihrem Einsatz. Die Auswahl des Validierers erfolgt beim Proof-of-Stake zufällig, fast wie beim Lotto. Allerdings ist die Wahl gewichtet – wer mehr Coins im Staking lagert, hat eine höhere Chance, ausgewählt zu werden –, so, als hätte man mehrere Tickets für die Lotterie gekauft und somit eine höhere Gewinnchance.

Wenn jedoch jemand versucht, zu betrügen oder sich in anderer Weise negativ verhält, dann erkennt der Algorithmus dies und derjenige Teilnehmer verliert einen Teil seiner eingesetzten Coins (oder sogar alles) und wird zukünftig vom Staking ausgeschlossen. Zusammengefasst ist also das Ziel das gleiche wie bei PoW – eine Umgebung zu schaffen, in der ehrliches Verhalten profitabler ist als unehrliches.

Interessanterweise werden die Bestätiger bei PoS in der Regel wirklich nur aus den Transaktionskosten bezahlt. Es werden keine neuen Coins erzeugt (bzw. geschürft). Die Kryptowährung muss also auf eine andere Art und Weise ausgegeben werden. Dies kann entweder über eine Erstausgabe[62] erfolgen oder dadurch, dass das Protokoll mit PoW gestartet und später auf PoS umgestellt wird.

Der größte Vorteil von Proof-of-Stake gegenüber anderen Konsens-Algorithmen (wie Proof-of-Work) liegt darin, dass keine spezielle Hardware, sondern nur eine entsprechende Staking-

62 In der Fachwelt spricht man von einem ICO oder „Initial Coin Offering" (engl. etwa für „Ursprüngliche Coin-Ausgabe"). Dieser Term stammt vom Börsenbegriff IPO (Initial Public Offering = Öffentliche Erstausgabe) ab und ist im Endeffekt das gleiche, wie wenn ein Unternehmen an die Börse geht und die Firma in Form von Aktien an die Öffentlichkeit verkauft. Beim ICO geht es stattdessen einfach um Coins und nicht um Aktien.

Wallet benötigt wird. Der Rechenaufwand (und damit Energieverbrauch) liegt bei einem Bruchteil desjenigen von PoW. Für die Umwelt ist dieses Prinzip also langfristig die bessere Alternative.

Auch die Skalierbarkeit ist höher, was für eine geringere Transaktionszeit auch bei starker Auslastung des Netzwerkes sorgt. Darüber hinaus gibt es teilweise schon das Problem, dass einige Mining-Farmen einen großen Teil der Transaktionen bestätigen und sich dadurch eine regelrechte Konzentration der Macht über die Blockchain auf einige Individuen ergibt.

Diese Mining-Farmen füllen oftmals riesige Hallen und werden zumeist in Asien betrieben, da die Energiekosten dort weitaus geringer sind als in Europa oder Nordamerika.

Auf der anderen Seite kann es theoretisch beim Proof-of-Stake dazu kommen, dass die ursprünglichen Herausgeber der jeweiligen Kryptowährung einen Großteil der Coins schlichtweg behalten und selbst staken könnten, was wiederum auch zu einer ungleichen Machtverteilung führen würde. Wer mehr Coins hält, der wird eher als Knotenpunkt zur Bestätigung von Transaktionen ausgewählt.

Wenn Sie selbst nur ein Lottoticket kaufen und Ihr Nachbar eine Million Stück, dann haben Sie gegenüber ihm nur geringe Aussichten auf den Hauptgewinn (auch wenn es sich für den Nachbarn finanziell wahrscheinlich nicht lohnen würde, dies zu tun). Daher wird PoS gemeinhin als weniger sicher anerkannt wie etwa PoW.

Wenn es auch einige Vorteile gegenüber der Bestätigung durch Arbeit besitzt, so wird das Proof-of-Stake Prinzip aktuell noch nicht flächendeckend eingesetzt, sondern nur bei einigen wenigen Projekten in der Krypto-Welt.

In einem Satz zusammengefasst ist Proof-of-Stake also eine Alternative zum PoW-System, wobei statt Rechenleistung vielmehr die Gelder der Bestätiger von Transaktionen als „Einsatz“ dienen.

Sie haben nun mit Proof-of-Work und Proof-of-Stake die beiden am meisten verwendeten Konsens-Algorithmen näher kennengelernt. Bei diesen beiden Arten der Bestätigung von Transaktionen handelt es sich zwar um die bekanntesten, sie sind aber bei weitem nicht die einzigen. Natürlich überwiegt PoW gegenüber PoS immer noch mit großem Abstand. Daneben gibt es mittlerweile auch zahlreiche weitere Konzepte. Hier folgt der Vollständigkeit halber eine kleine Liste samt Kurzbeschreibung:

» **Proof-of-Authority** (Bestätigung durch Autorität)

  Hier kann nicht jeder beliebige Nutzer als Bestätiger auftreten, sondern nur eine begrenzte Liste von vertrauenswürdigen Individuen. Die Knotenpunkte setzen weder Arbeit (PoW) noch eigenes Kapital (PoS) ein, sondern lediglich ihren eigenen Ruf. Bei negativem Verhalten werden sie vom System ausgegrenzt und schädigen ihre Reputation als vertrauenswürdige Validatoren. Der Vorteil liegt in der Schnelligkeit und leichten Skalierbarkeit des Systems. Der Nachteil ist wiederum, dass das Netzwerk nur begrenzt als dezentral betrachtet werden kann.

» **Proof-of-Burn** (Bestätigung durch Verbrennen)

  Ähnlich PoS treten hier die Nutzer bzw. Halter der Coins auch als Bestätiger auf. Es werden aber keine Gelder hinterlegt und gesperrt. Stattdessen gibt es eine relativ hohe Transaktionsgebühr, von der ein Teil an die Knotenpunkte geht. Der Rest dieser Gebühren wird „verbrannt“, also vernichtet. Dadurch nimmt die gesamte Anzahl an Coins der jeweiligen Kryptowährung mit der Zeit ab. Der größte Nachteil liegt in den vergleichsweise hohen Gebühren für Überweisungen. Vorteile sind unter anderem der deflationäre Charakter, hohe Geschwindigkeiten und quasi grenzenlose Dezentralität, da jeder Nutzer automatisch als Validator auftritt.

Als „Deflation" wird übrigens das Gegenstück zur bereits beschriebenen Inflation verstanden. In unserem Fall heißt das, dass es durch das ständige Verbrennen von Coins die Gesamtanzahl mit der Zeit abnimmt. Das führt dazu, dass die verbliebenen Coins in der Regel im Wert steigen. Die Marktkapitalisierung bleibt ungefähr gleich, das Geld teilt sich aber einfach auf weniger Coins auf, welche entsprechend im Wert steigen (Angebot sinkt + Nachfrage bleibt konstant = Preis steigt). Das gilt aber nur, wenn die Nachfrage auch wirklich gleich bleibt oder sogar steigt! Wenn Sie eine Kryptowährung dieser Art kaufen und halten, dann können Sie quasi zusehen, wie die Anzahl der Coins in Ihrer Wallet immer weiter steigt. ACHTUNG: So schön es auch ist, wenn man Kryptos „geschenkt bekommt", der Wert kann trotzdem fallen!

» **Delegated Proof-of-Stake** („Übertragene" Bestätigung durch Einsatz)

Die Funktionsweise ist sehr ähnlich zum klassischen PoS. Hier tritt aber nicht jeder einzelne Staker als Bestätiger auf. Vielmehr stimmt jeder Halter der Kryptowährung für einen von wenigen Knotenpunkten, welcher dann die eigentliche Bestätigung der Transaktion durchführt. Es handelt sich also um ein demokratisch gewähltes System, ähnlich beispielsweise der politischen Bundestags- (Deutschland) oder Nationalratswahl (Österreich). Hier wählt das Volk seine Vertreter und delegiert somit die politische Verantwortung an diese.

Theoretisch gibt es natürlich viele weitere Arten der Konsensfindung in der Blockchain und ich könnte hier noch seitenweise über dieses Thema schreiben. Da das aber nicht das Ziel dieses

Buches ist, möchte ich Sie bei weiterem Interesse auf andere Quellen verweisen. Einige Schlagworte für Ihre Google-Suche: Hybrid PoW, Hybrid PoS, Leased PoS, Delayed PoW, ...

Eine kleine Zusatzbemerkung: Eine Blockchain oder Kryptowährung nutzt immer nur einen einzigen Konsens-Algorithmus. Es gibt (aktuell noch) keine Kombinationen von mehreren Systemen.

Prüfen Sie Ihr Verständnis:

Beantworten Sie diese Fragen für sich selbst und gehen Sie so sicher, das vorhergehende Kapitel wirklich verstanden zu haben. Überprüfen Sie anschließend Ihre Antworten anhand der nachfolgenden kleinen Zusammenfassung.

Sie haben alle Fragen richtig beantwortet? Glückwunsch, gehen Sie weiter zum nächsten Kapitel!

Sie haben eine oder mehrere Fragen nicht oder falsch beantwortet? In diesem Fall möchte ich Sie einladen, noch einmal zurückzugehen und das Kapitel zumindest zu überfliegen.

» Was sind „*Proof-of-Work*" *(PoW)* und „*Proof-of-Stake*" *(PoS)* und wie funktionieren diese beiden Systeme?

» Wie sieht das „*Investment*" der Miner bei PoW aus?

» Wie unterscheidet sich PoS von PoW?

Das Wichtigste in Kürze:

- „*Proof-of-Work*" (PoW) und „*Proof-of-Stake*" (PoS) sind zwei verschiedene Arten der Konsensfindung in der Blockchain. Siehe dazu auch den Abschnitt „*Konsens-Algorithmus*" weiter vorne.
- Bei PoW investiert ein Miner die Rechenleistung seines Computers und erhält für die Bestätigung von Transaktionen eine Vergütung in Form der jeweiligen Kryptowährung.
- Bei PoS hingegen gibt es keine richtigen Miner, stattdessen kann jeder Besitzer der jeweiligen Kryptowährung auch als bestätigender Knotenpunkt auftreten. Dazu muss er seine Coins für eine gewisse Zeit „sperren", währenddessen er die Gelder nicht bewegen kann. Als Belohnung winkt wieder ein Anteil an den von den Nutzern bezahlten Transaktionskosten. Es wird also keine Rechenleistung investiert, wie bei PoW, sondern lediglich das eigene Kapital des jeweiligen Coins.
- Neben diesen beiden Arten gibt es noch viele weitere Möglichkeiten der Konsensfindung, es werden aber weitgehend nur PoW und PoS verwendet (und davon PoW immer noch mit Abstand am meisten).

Kann man mit Mining (noch) Geld verdienen?

Einige Jahre nach der Entwicklung von Bitcoin entstand eine regelrechte Goldgräberstimmung und viele Menschen verwendeten ihre privaten Computer, um die erste Kryptowährung (und später auch andere) zu minen. Auch heute ist es natürlich immer noch möglich, mit dem eigenen PC Kryptowährungen mit PoW-Konzept zu schürfen.

Wie Sie aber bereits wissen, ist die Höhe der Belohnung, die ein Knotenpunkt erhält, abhängig von seiner ins System eingebrachten Rechenleistung. Je größer das Netzwerk ist, desto geringer ist der Anteil der eigenen Leistung, wodurch auch der entsprechende Anspruch an der ausgegebenen Belohnung für einen erstellten Block sinkt. Daher stellt sich natürlich die Frage, ob sich das für Privatpersonen noch lohnen kann.

Die kurze Antwort: Nein. In Mitteleuropa ist das klassische Mining aufgrund der teuren Hardware und der vergleichsweise hohen Energiekosten in der Regel nicht profitabel.

Auch in der Anfangszeit der Kryptowährungen konkurrierte man schon mit Minern aus der ganzen Welt und hatte aufgrund der ungleich höheren Kosten einen klaren Nachteil. Da der Kurs von Bitcoin aber zu dieser Zeit rasant anstieg, konnte man trotz der hohen Energiepreise sogar ohne spezielle Hardware profitabel arbeiten.

Doch die Zeiten haben sich geändert. Mittlerweile ist dieser Nachteil – vor allem gegenüber den asiatischen Ländern – so groß, dass nicht einmal die starken Kursanstiege der vergangenen Monate dies ausgleichen konnten.

Nun könnten Sie ja sagen: „*Na ja, dann spare ich mir halt die teure Hardware mit dem hohen Energieverbrauch und nutze einfach meinen eigenen Computer zum Schürfen.*“

Auch das wird aber leider nicht wirklich funktionieren (oder zumindest nicht profitabel sein). Wie eine spezielle Mining-Hardware verbraucht auch Ihr PC Strom. Und wenn er (wie zumeist beim Mining) auf voller Leistung läuft, dann steigt die Energieaufnahme stark an. Außerdem ist ein handelsüblicher Privat-Computer nicht für den dauerhaften Betrieb auf maximaler Leistung ausgelegt. Das wäre, als würden Sie den Motor Ihres Autos langfristig mit 7.000 Umdrehungen pro Minute betreiben. Auf Dauer schädigt das den Motor (oder beim PC die Hardware) und sorgt für hohen Verschleiß. Sehr lange wird das Auto/der PC dieses Spiel nicht mitmachen.

Wer in Europa lebt und heute noch Geld mit Krypto-Mining verdienen möchte, der hat aber auch noch eine andere Möglichkeit: Statt sich mit seinem Geld selbst einen Mining-Rechner zu kaufen und in den Keller zu stellen, kann man sich auch eine entsprechende Firma dafür suchen.

Es gibt mittlerweile mehrere Unternehmen, die die entsprechende Hardware kaufen und im Ausland betreiben (wo die Energiekosten weitaus geringer sind). Die Nutzer bzw. Investoren genießen damit den Vorteil der günstigeren Bedingungen in anderen Ländern. Außerdem haben sie quasi keinen Aufwand, alles wird von der Firma übernommen. Das lassen sich diese Unternehmen natürlich auch entlohnen und behalten einen vorher vereinbarten Anteil an den Mining-Gewinnen ein. Der Rest geht (in der Theorie) an die Nutzer.

Beachten Sie dabei aber bitte, dass es in diesem Bereich von Betrügern geradezu wimmelt!

Oftmals werden exorbitante Gewinne versprochen und teilweise stimmt das – zumindest anfangs – wirklich! Man denkt also, es handle sich um ein profitables Investment. Mit der Zeit werden die Gewinne aber immer kleiner und die Nutzer erhalten meist nicht einmal mehr ihr ursprüngliches Investment zurück. Dabei stellt das noch die nettere Variante dar. In der Vergangenheit gab es auch schon Firmen, die nach kurzer Zeit einfach verschwanden oder bei denen die Investoren ihr Geld zwar auf der Website sehen, dieses aber einfach nicht auszahlen konnten! Da solche Anbieter naturgemäß im Ausland ansässig und entsprechend nicht greifbar sind, ist auch der Rechtsweg meist nicht erfolgversprechend. Unterm Strich möchte ich Ihnen empfehlen, hier sehr vorsichtig zu sein und VORHER alles sehr genau zu prüfen, falls Sie an eine derartige Investition denken. In den allermeisten Fällen lohnt es sich nicht für die Investoren, sondern nur für die Betreiber der Unternehmen.

Meine persönliche Meinung zum Thema Mining: Für Privatpersonen lohnt sich das heute nicht mehr, auch nicht über so eine eben angesprochene Firma im Ausland. Ich habe mich in der Vergangenheit zwar sehr eingehend mit dem Thema beschäftigt (und, einfach aus Interesse, sogar kurzzeitig eine Mining-Software auf meinem Computer laufen lassen), bin aber in dieser Richtung nie wirklich aktiv geworden. Ich habe mich immer auf die pure Investition in (und Anwendung von) Kryptowährungen konzentriert, was ich auch Ihnen empfehlen möchte.

Anders sieht die Sache beim Thema Staking aus. Da ich mich als langfristigen Investor sehe, kaufe ich sowieso nur Coins und Token, die ich bereit bin, monate- oder jahrelang zu halten. Da kann ich sie im Falle einer PoS-Kryptowährung auch gleich ins Staking geben und so noch etwas vermehren. Bei einigen Kryptos mache ich alleine durch Staking schon 10 – 15 % oder mehr pro Jahr.

Daher: Wenn Sie langfristig in Digitalwährungen investieren, dann macht Staking grundsätzlich Sinn und kann eigentlich nicht schaden. Wenn Sie nur an kurzfristiger Wertsteigerung interessiert sind, dann ist es besser, die Gelder einfach in Ihrer Wallet liegenzulassen, damit Sie vollständig liquide bleiben. Beachten Sie stets die jeweilige Haltefrist, wenn Sie über Staking nachdenken!

Prüfen Sie Ihr Verständnis:

Beantworten Sie diese Fragen für sich selbst und gehen Sie so sicher, das vorhergehende Kapitel wirklich verstanden zu haben. Überprüfen Sie anschließend Ihre Antworten anhand der nachfolgenden kleinen Zusammenfassung.

Sie haben alle Fragen richtig beantwortet? Glückwunsch, gehen Sie weiter zum nächsten Kapitel!

Sie haben eine oder mehrere Fragen nicht oder falsch beantwortet? In diesem Fall möchte ich Sie einladen, noch einmal zurückzugehen und das Kapitel zumindest zu überfliegen.

» Wie lukrativ ist Mining (in Europa)? Begründen Sie Ihre Antwort!

» Ist es finanziell sinnvoll, mit dem eigenen PC zu minen? Begründen Sie Ihre Antwort!

» Ist Staking für langfristige Investoren grundsätzlich sinnvoll? Was müssen Sie unbedingt beachten, wenn Sie über Staking nachdenken?

Das Wichtigste in Kürze:

- Mit dem herkömmlichen Mining lässt sich aufgrund der teuren Hardware und der hohen Energiekosten in Europa in den meisten Fällen kein Geld mehr verdienen. Dazu ist die Konkurrenz einfach zu groß, da die Miner in Asien weitaus geringere Kosten haben.
- Auch das Mining mit dem eigenen Computer und ohne spezielle Hardware ist nur bedingt zu empfehlen, da der PC dabei dauerhaft unter Volllast betrieben wird, was die Lebenszeit der Komponenten verringert. Und die Stromkosten hat man natürlich trotzdem.
- Es gibt mittlerweile auch Unternehmen, die die entsprechende Hardware kaufen und im Ausland betreiben (wo die Energiekosten weitaus geringer sind). Die Nutzer bzw. Investoren genießen damit den Vorteil der günstigeren Bedingungen in anderen Ländern. Leider gab es hier in der Vergangenheit immer wieder betrügerische Anbieter, wodurch sich auch das unterm Strich meist nicht lohnt.
- Staking kann im Gegensatz zum Mining für Privatpersonen durchaus Sinn ergeben, vor allem wenn Sie Ihre Investition langfristig sehen. Beachten Sie aber bitte immer die Haltefrist der jeweiligen Kryptowährung, wenn Sie über Staking nachdenken.

Praxisteil: Und wie investiert man nun?

Ich darf Ihnen gratulieren, denn Sie haben den Theorieteil nun vollständig gelesen und hoffentlich auch durchgearbeitet. Ebenfalls hoffe ich, Sie haben die Kontrollfragen und Kapitel-Zusammenfassungen genutzt, um wirklich das Maximum aus diesem Buch herauszuholen. Sollten Sie die Theorie allerdings nur überflogen haben, dann möchte ich Sie einladen, wirklich noch einmal alles genau zu lesen und mit Fragen und Zusammenfassungen auch richtig durchzuarbeiten. Wenn Sie auf diese Weise mit dem Buch arbeiten, dann können Sie es gar nicht verhindern, zum Krypto-Profi zu werden!

Natürlich können Sie auch erst noch den Praxisteil durchlesen, um sich auch darüber eine grobe Übersicht zu schaffen. Bevor Sie Ihre erste Investition tätigen, sollten Sie aber wirklich alles durchgearbeitet haben und ein tiefes Verständnis für die Materie aufbauen. Sie wissen doch: **Ein guter Investor weiß immer ganz genau, worin er investiert!**

Nun aber genug davon. Kommen wir zur Umsetzung des gesammelten Wissens. Sie werden das Buch ja wahrscheinlich nicht nur gekauft haben, um vor Ihren Freunden anzugeben, oder? Nein, Sie wollen natürlich vor allem lernen, wie man in Kryptowährungen investiert und sein Geld vermehrt. Suchen Sie nicht weiter, denn auf den folgenden Seiten werden Sie die wahrscheinlich umfassendste Anleitung zu diesem Zweck finden. Ich richte mich damit vor allem an Anfänger, aber auch ein erfahrener Investor wird seinen Nutzen aus den hier dargelegten Informationen ziehen können.

Am Ende des Theorieteils finden Sie weiters noch eine Schritt-für-Schritt-Anleitung für die Umsetzung. Dabei werde ich mich dann aber kurz halten und nicht mehr viel Drumherum beschreiben.

Ich werde außerdem auf den folgenden Seiten keine Fachbegriffe mehr erklären (außer diejenigen, die im Theorieteil noch nicht vorgekommen sind). Sollten Sie sich an einzelne Ausdrücke nicht mehr erinnern, dann blättern Sie doch einfach nach hinten in das Sachwortverzeichnis. Dort finden Sie detaillierte Erklärungen zu sämtlichen wichtigen Fachbegriffen der Kryptowelt.

Einige Punkte vorab:

1. Kryptowährungen sind immer eine sehr spekulative Anlageform. Aufgrund ihrer hohen Volatilität sind sie eventuell nicht für alle Anleger geeignet. Eines muss Ihnen in jedem Fall klar sein: In der Vergangenheit sind die Kurse von Bitcoin und Co. schon mehrmals innerhalb weniger Tage um 50 % und mehr eingebrochen. Wenn Sie zu den Leuten gehören, die in so einem Fall Panik bekommen, dann rate ich von einer Investition eher ab.[63]

---

63 Dazu möchte ich noch sagen, dass sich die Coins und Token nach so einem Absturz meist relativ schnell wieder erholt haben und darüber hinaus oft noch weiter gestiegen sind.

Im Endeffekt ist es bei Kryptowährungen wie in der Ehe: Wenn man den Partner in seinen schlimmsten Phasen nicht erträgt, dann hat man ihn auch in den besten nicht verdient!

2. Auch wenn Sie mit den eben angesprochenen Kursschwankungen umgehen können (oder es zumindest jetzt denken), so gilt bei Kryptowährungen ebenfalls die wichtigste Faustregel der Geldanlage: **Investiere nur Geld, auf das du im schlimmsten Fall verzichten könntest!**[64]

   Wir wissen nun einmal nicht, was die Zukunft bringt und vielleicht kommt morgen ein Crash, der sich erst in fünf Jahren wieder erholt. Wenn Sie in so einer Situation Geld investiert hätten, das Sie eigentlich zum Leben brauchen, dann hätten Sie jetzt ein Problem.

3. Wie mehrfach angesprochen kommt es am Kryptomarkt hin und wieder zu Kursrücksetzern (auch während einer starken Aufwärtsphase). Die vollkommen falsche Reaktion wäre an dieser Stelle, Panik zu bekommen und alles zu verkaufen. Ich persönlich sehe solche Korrekturphasen etwas anders. Für mich handelt es sich schlichtweg um einen Schlussverkauf.

   Überlegen Sie doch mal: Gestern wollten Sie unbedingt noch einen Bitcoin kaufen, als er bei 50.000 € stand. Heute hat er sich plötzlich halbiert und rangiert bei 25.000 €. Was hat sich denn verändert? An der Sache bzw. dem Bitcoin an sich gar nichts, er ist genau der gleiche wie gestern noch. Nur der Preis hat sich halbiert. Also bekommen Sie jetzt die gleiche „Ware" zum halben Preis. Das erinnert doch schon fast an einen Schlussverkauf in Ihrem liebsten Bekleidungsgeschäft, oder? ;-)

   Ich nutze solche Kursrücksetzer also meist nur, um meine Bestände aufzustocken und nachzukaufen, und genau diese

64 Diese Regel gilt auch für Aktien, Immobilien und andere Anlageklassen.

Denkweise möchte ich auch Ihnen empfehlen. Aber natürlich immer nur unter Beachtung der obigen Punkte!

4. Beim Thema der Kryptowährungen und ihrer Blockchain-Technologie handelt es sich noch immer um einen sehr jungen Bereich. Daher kann die Investition vielleicht am Anfang etwas technisch und nicht gerade benutzerfreundlich wirken. Lassen Sie sich aber bitte davon nicht abschrecken, wenn man erst einmal drin ist, dann ist es wirklich nicht schwieriger, als ein Bankkonto zu eröffnen (und geht viel schneller). Dazu möchte ich aber noch sagen: Wenn Sie irgendwo unsicher sind, dann holen Sie sich bitte Hilfe oder informieren Sie sich noch weiter![65] Es gibt einige Dinge, bei denen bei der Investition doch schwerwiegende Fehler möglich sind, und die wollen wir um jeden Preis vermeiden!

   Wenn Sie den Theorieteil gelesen und verstanden haben, dann sollte so etwas aber ohnehin kein großes Problem mehr darstellen.

5. Noch ein Wort zu Ihren (hoffentlich üppigen) Gewinnen bei der Investition in Kryptowährungen: Natürlich sind dafür – in Deutschland, Österreich und der Schweiz – auch Steuern zu bezahlen. Details kann ich Ihnen dazu aber nicht geben, da ich kein Steuerberater bin und das ganze Thema noch eine ziemliche Grauzone ist. Recherchieren Sie gegebenenfalls bitte selbst ein wenig im Internet (auf seriösen Seiten!) und konsultieren Sie einen Fachmann!

6. Zu guter Letzt möchte ich noch einmal darauf hinweisen, dass dieses ganze Buch hier absolut keine Anlageberatung darstellt! Weder empfehle ich Ihnen die Investition in bestimmte Coins oder Token noch in Kryptowährungen generell. Dieses Werk dient nur zur Information für interessierte Menschen, die sich mit dem Thema

---

65 Ich habe dafür weiter hinten auch meine E-Mail-Adresse vermerkt, Sie dürfen sich auch gerne bei Fragen an mich wenden!

beschäftigen möchten. Sie sind zu 100 % selbst für sich und Ihr Geld verantwortlich, daher kann und werde ich natürlich keine Haftung für etwaige Verluste übernehmen. Ich möchte Ihnen hier nur das Thema näher bringen und zeigen, wie ich persönlich die Sache handhabe. Ich habe zwar immer versucht, alles möglichst objektiv darzustellen, Sie können aber wahrscheinlich trotzdem meine Begeisterung für Kryptowährungen herauslesen.

Jedenfalls sollten Sie wirklich für sich persönlich abklären, ob Sie für eine Investition in diese Anlageklasse geeignet sind. Ich bitte Sie daher noch einmal inständig: **Erst denken, dann investieren!**

Die Auswahl der richtigen Coins und Token

Die Frage, die Sie jetzt wahrscheinlich am meisten interessiert, ist die folgende: „Und wie wähle ich jetzt die richtigen Kryptowährungen für mein Portfolio aus?" Leider gibt es darauf keine leichte Antwort und auch hier werde ich Ihnen nicht sagen, welche Coins in Zukunft am besten laufen werden, da das einfach nicht geht. Da wären wir wieder bei den bereits angesprochenen „*Prophezeiungen*".

Es gibt aber natürlich einige Grundregeln, die man beachten sollte, um grobe Fehler zu vermeiden. Die wichtigsten vier davon werde ich Ihnen in den folgenden Zeilen kurz vorstellen und dann gebe ich Ihnen noch einen kleinen Einblick in meine persönliche Investment-Strategie (einfach als Anregung).

Die fünf Grundregeln des Investierens in Kryptowährungen

Regel 1: Denken Sie langfristig!

Ich kann es ja verstehen. Jeder möchte sein Geld über Nacht verzehnfachen. Und ja, mit Kryptowährungen ist auch das möglich. Um solche Gewinne zu realisieren, müssen Sie aber auch ein beträchtliches Risiko eingehen. Da reicht es nicht, nur in Bitcoin zu investieren, für solche Renditen müsste man vor allem in Small-Caps gehen. So ein kurzfristiges Denken ähnelt da eher einem Besuch im Casino als professionellem Investieren. Früher oder später werden solche Zocker immer von der Realität eingeholt und verlieren einen beträchtlichen Teil ihres Investments (oder alles).

Außerdem ist es auch nicht das Ziel dieses Buches, Ihnen das kurzfristige Trading schmackhaft zu machen. Hier geht es um langfristige Geldanlage. Beachten Sie daher die Faustregel: Kaufen Sie nur Coins und Token, die Sie auch über Monate oder Jahre halten würden!

Regel 2: Erst informieren, dann investieren!

Stellen Sie sich vor, Sie würden in Aktien investieren. In welche Art von Unternehmen würden Sie Ihr Geld lieber stecken? Ein etabliertes und großes Unternehmen, das schon seit Jahren oder Jahrzehnten besteht, oder in ein Start-up mit Briefkastenfirma, wo nicht einmal die Gründer transparent angegeben werden? Also mir fällt da die Wahl nicht schwer. Um so eine Entscheidung treffen zu können, müssen Sie aber natürlich erst einige Informationen zu den Unternehmen einholen.

Bei einem Investment in Kryptowährungen sieht es ganz ähnlich aus. Daher: Informieren Sie sich unbedingt umfassend über einen Coin oder Token, die Firma bzw. das Team im Hintergrund, die Ziele und Vision, die Gründer bzw. Urheber des Projektes und deren Vergangenheit usw.

Versuchen Sie wirklich, alles an Informationen aufzunehmen, was Sie finden können! Schließlich kann man nur so eine informierte Entscheidung treffen. Und erst, wenn Ihre Recherche wirklich für eine langfristig positive Wertentwicklung spricht, erst dann sollten Sie Geld investieren.

Regel 3: Legen Sie nicht alle Eier in einen Korb!

Diesen Börsen-Spruch könnte man auch so ausdrücken: Setze nie alles auf ein einziges Pferd! Wollen Sie noch mehr Sprüche? Ich denke, der Grundtenor wird schon langsam klar. Sie sollten Ihr Portfolio unbedingt auf mehrere verschiedene Coins und Token aufteilen![66]

Auf diese Weise verringert man das Risiko beträchtlich. Wenn ich nur eine einzige Kryptowährung im Portfolio habe und diese halbiert sich im Wert, dann mache ich mir Sorgen. Bin ich aber gleichzeitig in zehn verschiedene Coins investiert, dann stört es mich nicht wirklich, wenn einer davon schlecht läuft (wenn dafür die anderen relativ gut performen). Ich empfehle Ihnen hier, Ihr Geld auf mindestens drei Kryptowährungen aufzuteilen, besser mehr als weniger.

Regel 4: Jagen Sie nicht dem Hype nach!

Hört sich einfach an, ist es aber in der Praxis oft nicht. Momentan (und eigentlich schon immer) gibt es diverse der bereits angesprochenen Hypecoins, die sich eben nicht auf fundamentale Daten stützen, sondern nur auf die Begeisterung der

66 Man spricht auch vom sogenannten „Diversifizieren“ bzw. von der „Diversifikation“.

Fans. Von einer Investition in diese Art der Kryptowährungen kann ich Ihnen nur entschieden abraten. Und wenn Sie schon damit „herumzocken" möchten, dann bitte nur mit einem kleinen Betrag (max. 5 % des Krypto-Gesamtportfolios).

Regel 5: Hören Sie nie auf zu lernen und bleiben Sie informiert!

Gerade in einem so jungen Bereich wie jenem der Kryptowährungen gibt es laufend Neuerungen und Änderungen. Ein guter Investor bleibt zumindest sporadisch auf dem neuesten Stand und bildet sich stetig weiter, um das Maximum aus seiner Anlage herauszuholen und bei negativen Entwicklungen vorzeitig auszusteigen und so Verluste zu minimieren.

Alleine durch die Befolgung dieser fünf Grundregeln werden Sie schon die schlimmsten Verluste vermeiden und Ihr Portfolio langfristig aufbauen können. Natürlich kann auch einmal der ganze Markt zusammenbrechen und es stehen alle Kryptowährungen in den roten Zahlen. Doch nach jedem Winter folgt bekanntlich ein Frühling und mit qualitativ hochwertigen Investitionen sind die Chancen auf eine langfristige Kurssteigerung nun mal ganz klar höher.

Portfolio-Aufbau für Anfänger

Beachten Sie bitte: Die folgenden Absätze bzw. Schritte beschreiben nur meine persönliche Anlagestrategie für Kryptowährungen. Ich gebe hier keinesfalls eine Empfehlung, es mir genau so nachzumachen. Mit diesem Kapitel möchte ich Ihnen lediglich eine Möglichkeit zeigen, wie man (relativ konservativ) ein breit aufgestelltes Krypto-Portfolio zusammenstellen kann. Selbstverständlich orientiere ich mich dabei an den oben beschriebenen Grundregeln.

Schritt 1: Die „langweilige" Basis

Die Grundlage meiner persönlichen Anlagestrategie bilden bereits etablierte und große Coins. Ich denke dabei vor allem an Bitcoin und Ethereum.

In jedem Fall befinden sich meine „Basis-Coins" in den Top 10 der größten Kryptowährungen und zählen damit ganz klar zu den Large-Caps. Hier zielen wir nicht auf eine massive Wertsteigerung in kürzester Zeit ab, sondern denken an langfristigen Vermögensaufbau.

Diese Digitalwährungen schwanken grundsätzlich weniger stark als kleinere und bilden trotzdem den Markt gut ab. Viele Investoren kaufen gar nur sie und geben sich mit 2 - 3 Positionen zufrieden (z. B. Bitcoin, Ethereum und noch eine dritte kleinere Kryptowährung wie Cardano oder Polkadot).

Meiner Meinung nach gehören vor allem Bitcoin und Ethereum in jedes gute Portfolio und die beiden machen bei mir insgesamt etwa 40 % meines Krypto-Gesamtkapitals aus!

Schritt 2: Spannende Projekte mit viel Wachstumspotenzial

Nachdem nun die Basis steht, wollen wir natürlich auch einen Teil unseres Geldes in Kryptowährungen mit größeren Chancen auf eine schnelle Wertsteigerung stecken. Trotzdem dürfen wir hier keinesfalls die fundamentalen Daten vergessen. Wir suchen also nach Coins (oder auch Token), die technologisch sehr spannend und doch schon etwas etabliert sind und einen ganz klaren Anwendungsfall besitzen.

Einige Beispiele kennen Sie schon von einer kurzen Vorstellung im Kapitel „*Welche Kryptowährungen gibt es?*": Polkadot, Cardano und VeChain.

Diese drei sind nur Beispiele, daneben gibt es noch viele weitere derartige Projekte in der Krypto-Branche.

In meinem Portfolio befinden sich aktuell übrigens alle drei oben genannten Vertreter und gemeinsam machen sie etwa 30 % meines Krypto-Kapitals aus (unterschiedlich gewichtet).

Schritt 3: Ein oder zwei Exchange-Coins für diverse Vorteile

Auch von dieser Art der Kryptowährungen haben Sie schon gehört. Gemeint sind die hauseigenen Coins der großen Krypto-Börsen:

» Binance Coin (BNB) von Binance

» crypto.org Coin (CRO) von crypto.com

» KuCoin Token (KCS) von KuCoin

» und viele weitere

Der Hintergrund ist, dass man bei den meisten Börsen durch das Kaufen und Halten der eigenen Kryptowährung diverse Vorteile nutzen kann, welche vor allem für etwas aktivere Investoren und Day-Trader spannend sind. Aber natürlich profitieren wir dadurch auch vom Wachstum der jeweiligen Exchange und damit indirekt von der Implementierung der Kryptowährungen:

Mehr Krypto-Nutzer allgemein ⇨ Wachstum der wichtigsten Exchanges ⇨ Preissteigerung des jeweiligen Coins oder Tokens.

Ich persönlich nutze die Exchange bzw. App von crypto.com mit Abstand am meisten und habe mich daher hier vor allem für den CRO entschieden (mehr dazu später), halte aber auch kleinere Mengen BNB. Gesamt machen diese Positionen etwa 15 % in meinem Krypto-Portfolio aus.

Schritt 4: Kleine (aber vielversprechende) Projekte

Hier werden wir schon etwas spekulativer. Nun geht es nämlich an kleine und vor allem junge Projekte, die sich erst noch etablieren müssen. Um das Risiko zu minimieren, muss hier (wie in Grundregel Nr. 2 beschrieben) das betreffende Projekt genau untersucht und recherchiert werden. Dafür winken aber auch gute Chancen auf eine große Wertsteigerung in kürzerer Zeit. Coins und Token dieser Gruppe befinden sich vor allem in den Kategorien Mid-Cap oder sogar Small-Cap. Es kann gut sein, dass ein einzelner Coin bzw. dessen Projekt scheitert, daher müssen wir hier unser Kapital auf mehrere Vertreter aufteilen (also diversifizieren).

<u>Ich habe zu jeder Zeit etwa 4 - 8 verschiedene Kryptowährungen dieser Art im Portfolio und gemeinsam machen sie ca. 10 % meines Krypto-Kapitals aus.</u>

Schritt 5: Etwas Spaß muss sein

Nachdem nun alle bisherigen Schritte umgesetzt wurden, sind jetzt maximal noch etwa 5 – 10 % des Kapitals für Kryptowährungen übrig. Mit diesem Geld kann man dann durchaus auch in Hype- bzw. Community-Coins investieren. Bekannte Vertreter sind: Dogecoin, Safemoon, Shiba Inu etc.

Dieser Schritt ist aber vollkommen optional! Sie sollten – wenn überhaupt – nur einen sehr kleinen Anteil Ihres Portfolios in diese Art der Coins stecken und das Ganze weniger als ernsthafte Investition sehen und eher wie einen Besuch im Casino.

<u>Ich persönlich habe etwa 5 % meines Krypto-Portfolios vor allem in Dogecoin und den ebenfalls recht bekannten Safemoon investiert.</u>

Damit sind wir am Ende und Sie haben meine Investment-Strategie grob kennengelernt. Ich wiederhole mich nochmal: **Das ist nur ein Vorschlag und keine Empfehlung!** Es gibt da draußen tausende verschiedene Strategien und Ihre persönliche Vorgehensweise hängt natürlich auch von Ihren Anlagezielen ab. Mir geht es vor allem um langfristigen Vermögensaufbau und die Unterstützung spannender Projekte.

Weiters müssen Sie auch nicht alle diese Schritte hier genau so umsetzen. Die ersten beiden sind meiner Meinung nach schon sinnvoll, die anderen drei (und vor allem der letzte) sind aber grundsätzlich als optional zu betrachten.

Die beiden Arten der Investition in Kryptowährungen

Nachdem Sie nun wissen, wie man ein gutes Portfolio aufbaut und sich vielleicht auch schon für den ein oder anderen Coin oder Token entschieden haben, geht es nun darum, diese(n) zu kaufen bzw. eben darin zu investieren. Grundsätzlich gibt es dafür zwei Arten: den indirekten und den direkten Weg. Ich werde hier kurz beide Möglichkeiten beschreiben sowie Vor- und Nachteile aufzeigen. Und ausnahmsweise gibt es hier mal eine klare Empfehlung von mir, welcher Weg der klügere ist.

Die indirekte Investition in Kryptowährungen

Hierbei kaufen Sie nicht den jeweiligen Coin oder Token selbst, sondern „spekulieren“ quasi nur auf dessen Kursentwicklung.

Viele Anbieter in der klassischen Finanzwelt ermöglichen es ihren Kunden mittlerweile, über sogenannte *Derivate*[67], wie etwa *Zertifikate* und *ETNs (Exchange Traded Notes)* in Kryptowährungen oder eigentlich in deren Kursentwicklung zu investieren.

Vorteile:

» Sehr einfach und unkompliziert (Kann meist einfach über die Hausbank oder einen Online-Broker durchgeführt werden.)

» Geht sehr schnell, da einem die ganze Arbeit durch den Anbieter des jeweiligen Finanzinstrumentes abgenommen wird.

Nachteile:

» Derivate tragen generell immer ein sehr hohes Risiko.

» „Emittentenrisiko": Wenn der Anbieter des Finanzinstrumentes pleite geht, dann ist auch das Investment wertlos, auch wenn sich der Kurs des entsprechenden Coins eigentlich nicht bewegt oder sogar verbessert hat.

» Man investiert nicht in die Kryptowährung selbst, sondern spekuliert nur auf deren Kursentwicklung. ⇨ Die Coins gehören einem nicht wirklich!

» Meist hohe Gebühren und Nebenkosten (Depotkosten, Ausgabeaufschlag, ...)

» Geringe Auswahl, nur die ganz Großen werden angeboten (meist gar nur Bitcoin und eventuell Ethereum).

---

67 Ein Derivat ist ein spekulatives und meist hochriskantes Finanzinstrument, das sich auf einen ihm zugrunde liegenden Basiswert (hier beispielsweise Bitcoin) bezieht und diesen sozusagen abbildet.

» Wirklich nur zur reinen Investition geeignet, da man die Coins nicht nutzen oder bewegen kann.

Ich sage es ganz direkt: Ich habe persönlich nie auf diese Art investiert und empfehle es auch nicht. Die Nachteile überwiegen für mich einfach ganz klar.

Die direkte Investition in Kryptowährungen

Sie ahnen es vielleicht schon: Hierbei kauft man die Coins oder Token selbst und lagert sie in einem eigenen Konto bzw. in der eigenen Wallet. Es handelt sich also quasi um die „physische" Investition in Digitalwährungen.

Ich möchte Ihnen ganz klar diesen Weg ans Herz legen. Nur dadurch gehören die Coins wirklich Ihnen und Sie können selbst darüber verfügen. Und in die allermeisten Vertreter können Sie ohnehin nur auf diese Art und Weise investieren.

Ich werde im weiteren Verlauf des Praxisteils nur auf die direkte Investition eingehen, da ich selbst einfach zu wenig Erfahrung auf dem indirekten Weg besitze.

Vorteile:

» Coins gehören wirklich Ihnen („physische" Investition statt bloße Spekulation auf den Kurs).

» Die meisten Kryptowährungen sind ohnehin nur so verfügbar, was einen effektiven Portfolio-Aufbau erst ermöglicht.

» Volle Kontrolle über das Investment

» Coins und Token können auch genutzt werden: Verschicken, Staking etc.

» Geringe Gebühren (nur beim Kauf an den Börsen)

Nachteile:

» Selbstverantwortung: Man ist selbst für alles verantwortlich. Wer Fehler macht, ist selber Schuld und kann nichts zurückfordern.

» Etwas komplexer und technischer

» Möglichkeit für technische Fehler beim Kauf und Verkauf

Anmerkung: Um die Gefahr des dritten Nachteils zu minimieren, gibt es die nun folgende Anleitung samt Checkliste weiter hinten!

Coins und Token kaufen in 3 Stufen

Um den Vorgang des Kaufens und Lagerns von Digitalwährungen zu vereinfachen, teilen wir ihn hier in drei Stufen bzw. grobe Schritte ein:

1. Kauf des jeweiligen Coins oder Tokens über eine Exchange und Lagerung im Exchange-Konto
2. Überweisung auf und Lagerung in einer eigenen (zuvor erstellten) Wallet
3. Lagerung in einer „Cold-Wallet" für maximale Sicherheit

Dabei ist aber zu beachten, dass nur die erste Stufe unbedingt erforderlich ist. Der zweite Schritt ist zwar nicht absolut notwendig, aber aus verschiedenen Gründen in jedem Fall empfohlen. Und die dritte und finale Stufe ist als rein optional zu betrachten, macht aber zumindest bei größeren Beträgen (oder wenn man um die Sicherheit seiner Coins besorgt ist) auch Sinn.

Eine detaillierte Anleitung inklusive der einzelnen Schritte und genauen Vorgehensweise finden Sie nach dem Praxisteil in der Schritt-für-Schritt-Anleitung bzw. Checkliste.

Ich werde hier auch einige verschiedene Börsen und Wallets vorstellen und beschreiben sowie Vor- und Nachteile darlegen. Leider kenne nicht einmal ich jeden einzelnen Anbieter, daher kann ich nur die mir bekannten und von mir getesteten beschreiben.

Es handelt sich hier auch keinesfalls um eine Empfehlung für eine bestimmte Börse oder Wallet! Die Vorstellung soll Ihnen nur einen Überblick über die verschiedenen Möglichkeiten geben.

Anmerken möchte ich noch, dass ich sämtliche präsentierten Anbieter (Börsen, Wallets, Apps, ...) auch selbst nutze oder in der Vergangenheit genutzt habe und entsprechend natürlich davon überzeugt bin. Ich werde die Beschreibungen trotzdem so objektiv wie möglich halten. Sollten Sie sich (am besten nach eigener Recherche) für einen oder mehrere der hier angegebenen Anbieter entscheiden, dann finden Sie bei einigen davon auch einen eigenen Registrierungslink oder QR-Code zum Einscannen. Es handelt sich dabei um spezielle Angebote für Leser dieses Buches, welche bei Nutzung des jeweiligen Links einige Vorteile erhalten (entweder verringerte Kosten beim Kauf von Coins und Token oder einen einmaligen Bonus auf die getätigte Einzahlung). Details dazu finden Sie direkt bei der Vorstellung der jeweiligen Börse bzw. Wallet. Sollten Sie dieses Angebot nutzen wollen (was Sie nicht müssen!), dann registrieren Sie sich einfach über den angegebenen Link (entweder in den Browser Ihres Computers oder Smartphones eintippen oder einfach den QR-Code mit dem Handy scannen).

Nochmal: Es handelt sich dabei um exklusive Angebote für Leser dieses Buches, die Sie nutzen können, aber natürlich nicht müssen.[68]

Nun aber zurück zum Thema: Wir starten mit dem ...

Kauf von Kryptowährungen über eine Exchange

Dies ist der erste und eigentlich auch wichtigste Schritt bei der Investition in Kryptowährungen. Es geht um den Tausch von Fiat-Geld (wie Euro) in Kryptowährungen. Dafür ist zwingend die Nutzung einer Exchange nötig, eine andere Möglichkeit gibt es praktisch nicht (mit Ausnahme des Minings ⇨ siehe dazu das entsprechende Kapitel im Theorieteil weiter vorne).

Allgemeine Informationen zum Kauf über eine Kryptobörse

» Nicht jede Kryptowährung ist auf jeder Börse verfügbar. Informationen zu allen möglichen Handelsplätzen für einen bestimmten Coin oder Token finden Sie beispielsweise auf *coinmarketcap.com*.

» Um eine Exchange nutzen zu können, muss man sich generell zuerst dort mit seinen persönlichen Daten registrieren.

» Zusätzlich ist bei den meisten (seriösen) Anbietern aus regulatorischen und rechtlichen Gründen eine Bestätigung der Daten über ein sogenanntes KYC[69] notwendig. Meist muss man dabei nur einen Scan seines Reisepasses oder Personal-

---

68 Aus Gründen der Ehrlichkeit und Transparenz weise ich hier noch darauf hin, dass Sie mit einer Registrierung über die in diesem Buch erwähnten Links auch mich und meine Arbeit unterstützen – ohne in irgendeiner Weise Mehrkosten zu haben oder Ähnliches!

69 KYC = „Know Your Customer“ (englisch für „Kenne deinen Kunden“)

ausweises hochladen und auf die Prüfung und Bestätigung warten. Manchmal wird zusätzlich noch eine Adressbestätigung[70] und/oder ein Foto von sich selbst mit daneben gehaltenem Ausweis notwendig. Bei einigen Anbietern müssen Sie sich per Video-Ident verifizieren. Dabei halten Sie einen kurzen Videochat mit einem Mitarbeiter und müssen dabei Ihren Ausweis, Ihr Gesicht und eventuell weitere Dokumente zeigen. Das mag jetzt alles etwas abschreckend wirken, ist aber leider notwendig[71] und ehrlicherweise meist auch sehr schnell und einfach erledigt.

» Ist das Konto erstellt und verifiziert, dann muss es natürlich noch kapitalisiert werden. Bei den meisten Anbietern gibt es diverse Möglichkeiten, das zu tun: normale Banküberweisung, Blitzüberweisung (Klarna, Giropay, ...), Kreditkarte, diverse andere Bezahldienste.

  Beachten Sie hier die Dauer der jeweiligen Kapitalisierungsmethode. Bei einer normalen Banküberweisung kann es schon einmal 2 - 3 Tage dauern, bis das Geld am Konto ist, bei Kreditkarte und Schnellüberweisung (und den meisten anderen Bezahldiensten) können Sie normalerweise innerhalb von wenigen Minuten oder Stunden loslegen.

» Weiters verlangen einige Börsen für verschiedene Einzahlungsmethoden teilweise Gebühren. Diese sind in jedem Fall auf der Einzahlungsseite angegeben. Auch das sollten Sie natürlich beachten.

» Die wichtigsten Nebenkosten stellen aber die Gebühren beim letztlichen Kauf und Verkauf, also beim Tausch von Fiat in Krypto und umgekehrt, dar. Oft sind diese etwas versteckt,

---

70 Meist wird hier entweder ein Kontoauszug von der Hausbank oder die Abrechnung eines Versorgers (Strom, Gas etc.) verlangt.

71 Den Börsen wird diese Vorgehensweise vorgeschrieben. Dabei geht es (scheinbar) um die Bekämpfung von illegalen Aktionen wie Geldwäsche oder Terrorismusfinanzierung.

indem man einfach einen „schlechteren Kurs“ bekommt. Soll heißen: Man kauft den jeweiligen Coin oder Token ein kleines Bisschen über dem eigentlichen momentanen Marktwert.

» Der letzte Kostenpunkt ist die Auszahlungsgebühr. Wenn Sie Ihre gekauften Kryptowährungen vom Exchange-Konto auf eine externe Wallet überweisen wollen, dann fallen auch hier wieder Kosten an. Diese sind aber meist sehr gering und decken lediglich die Transaktionskosten des Netzwerkes an sich.

» Die Lagerung vor allem großer Beträge auf den Exchanges ist grundsätzlich ein Risiko. Wenn die Börse gehackt wird (was schon mehrmals passiert ist) oder es anderweitige technische Probleme gibt, dann sind auch Ihre Mittel in Gefahr. Mehr dazu und wie man dieses Problem umgehen kann, lesen Sie in Stufe 2 weiter hinten.

» Einige Börsen oder Apps bieten mittlerweile sogar eigene Zahlungskarten an (Visa oder Mastercard), durch welche man die auf der Börse gelagerten Kryptowährungen auch direkt zum normalen Bezahlen in Geschäften und Online-Shops nutzen kann.

» Daneben bieten einige Anbieter noch weitere Services, auch abseits vom bloßen Kaufen und Verkaufen von Digitalwährungen (zum Beispiel eine Veranlagung für einen bestimmten Zinssatz wie bei einem Sparbuch). Sollten solche Sachen für Sie spannend sein, dann informieren Sie sich aber bitte im Vorhinein genau über die Bedingungen!

Nachdem wir nun die wichtigsten allgemeinen Punkte geklärt haben, stelle ich Ihnen noch kurz einige der wichtigsten Börsen vor und beschreibe Eigenschaften sowie Vor- und Nachteile. Ich habe jeden der hier vorgestellten Vertreter schon selbst verwendet und nutze einige davon sogar aktuell noch. Daneben gibt es wie gesagt noch tausende weitere. Ich möchte Sie daher einladen, sich selber noch weiter zu informieren und sich dann für einen (oder mehrere) Anbieter zu entscheiden.[72]

Bison: Die deutsche Kryptobörse speziell für Einsteiger

Es gibt einen Grund, warum ich genau diesen Anbieter als ersten anführe. Es handelt sich bei der „Bison"-App nämlich erstens um ein deutsches Unternehmen (ins Leben gerufen von der Börse Stuttgart) und zweitens ist diese Exchange speziell für komplette Neulinge im Kryptomarkt ausgelegt und entsprechend gestaltet. Dies bringt auf der anderen Seite aber auch wieder einige Einschränkungen hinsichtlich der handelbaren Kryptowährungen sowie der Ein- und Auszahlungsmöglichkeiten mit sich.

Vorteile:

» Deutscher Anbieter mit einer renommierten Börse im Hintergrund.

» Schnelle und einfache Account-Erstellung per App, Verifizierung per Video-Ident.

» Möglichkeit eines Demo-Kontos, bevor Echtgeld verwendet wird.[73]

» Speziell für Einsteiger ausgelegt, intuitive Benutzeroberfläche.

» Keine gesonderten Gebühren, lediglich ca. 0,75 % beim Kauf und Verkauf (was sehr gering ist).

---

72 Es kann durchaus sinnvoll sein, mehrere Anbieter zu verwenden, um das Risiko zu streuen oder weil es manche Coins nur auf einer Plattform exklusiv gibt. Ich persönlich nutze aktuell ganze vier Börsen parallel.

73 Hierbei erhält man 50.000 € „Spielgeld", mit dem man den Handel einmal testen und alle Funktionen der App ausprobieren kann. Es kann übrigens auch später jederzeit wieder in den Demo-Modus gewechselt werden.

» „Crypto-Radar"-Funktion: Zeigt die aktuelle Stimmungslage im Kryptomarkt.

» Attraktiver Bonus: 10 € Prämie bei Kauf von Kryptowährungen im Wert von 50 €.

Nachteile:

» Ein- und Auszahlung von Fiat-Geld (Euro) nur mittels normaler Banküberweisung.

» Nur wenige handelbare Coins: Bitcoin, Ethereum, Litecoin, Ripple & Bitcoin Cash.

» Nur als App am Handy verfügbar, kein Zugriff per Computer.

» Auszahlung der Coins auf eine externe Wallet dauert sehr lange (1 - 3 Tage).

Fazit:

Zusammengefasst kann man sagen, dass die Bison-App der Börse Stuttgart speziell für Anfänger sehr gut geeignet ist. Ich nutze sie selbst auch noch hin und wieder aufgrund des praktischen Demo-Modus und der wirklich sehr geringen Gebühren. Wer nur in die allerwichtigsten Coins investieren möchte, für den reicht diese Exchange garantiert. Will man sich ein breiteres Portfolio aufbauen, dann wird aber ein anderer Anbieter (zusätzlich) nötig.

Bonus:

Als Leser dieses Buches erhalten Sie einen Bonus in Höhe von 10 € bei Registrierung über den folgenden Link und Eingabe des entsprechenden Bonus-Codes. Dafür muss der Account fertig registriert und verifiziert sein und Sie müssen mindestens 50 € einzahlen und eine beliebige Kryptowährung damit kaufen (innerhalb 60 Tage ab Registrierung). Nach dem Kauf wird der Bonus in Form von Bitcoin gutgeschrieben. Nutzen Sie dafür den folgenden Link + Code (auch in der Linksammlung weiter hinten zu finden):

Registrierungslink: bit.ly/buchbison
Code: mh78gp

QR-Code zum Einscannen:

Coinbase: Eine der ältesten Börsen und sehr nutzerfreundlich

Die bekannte Exchange Coinbase wurde schon ein paar Male im Verlauf dieses Buches erwähnt. Es handelt sich dabei um die wohl älteste noch aktive Kryptobörse mit Sitz in den USA. Das Unternehmen gilt als eines der ersten börsennotierten Firmen der Branche, genießt ein hohes Vertrauen und ist grundsätzlich auch für Anfänger ausgelegt. Die handelbaren Coins sind relativ umfangreich und die Gebühren fair.

Vorteile:

» Schon sehr lange am Markt und sehr bekannt sowie reguliert (da börsennotiert).

» Intuitive Benutzeroberfläche in der App und am Computer.

» Normal hohe Gebühren: 1,5 % bei Kauf und Verkauf, 4 % bei Einzahlung per Kreditkarte und 0,15 € bei Einzahlung per Banküberweisung.

» Relativ umfangreiches Handelsangebot.

» Einrichtung von Sparplänen (monatlich automatisierter Kauf) möglich.

» Durch das Ansehen von Lehrvideos über bestimmte Coins können bis zu 25 $ Bonus verdient werden.

» Bonus: 10 $ Prämie bei Kauf von Kryptowährungen im Wert von 100 $.

Nachteile:

» Auszahlung von Fiat-Geld (Euro) nur mittels normaler Banküberweisung.

» Gebühren sind teilweise höher als bei der Konkurrenz.

- Kleinere Kryptowährungen meist nicht handelbar, daher ist oft ein zusätzlicher Anbieter nötig.
- Keine Schnellüberweisung als Einzahlungsmethode.
- Qualität des Kundenservice könnte besser sein (nur auf Englisch verfügbar).

Fazit:

Die Exchange Coinbase ist – wie Bison – eher für Anfänger geeignet und für diese jedenfalls ausreichend. Die einfache Registrierung, Verifizierung und Bedienung wiegen dabei die Gebühren auf (wobei diese auch recht fair und vor allem transparent sind). Für Menschen, die sich ein umfangreicheres Portfolio aufbauen möchten, wird aber auch hier ein anderer Anbieter (zusätzlich) nötig.

Bonus:

Als Leser dieses Buches erhalten Sie einen Bonus in Höhe von 10 $ (ca. 8 €) bei Registrierung über den folgenden Link. Dafür muss der Account fertig registriert und verifiziert sein und Sie müssen mindestens 100 $ (ca. 83 €) einzahlen und eine beliebige Kryptowährung damit kaufen (innerhalb 180 Tage ab Registrierung). Nach dem Kauf wird der Bonus in Form von Bitcoin gutgeschrieben. Nutzen Sie dafür den folgenden Link (auch in der Linksammlung weiter hinten zu finden):

Registrierungslink: bit.ly/buchcoinbase
Code: kein Code

QR-Code zum Einscannen:

Binance: Sehr viele handelbare Coins aber etwas komplex

Auch von dieser Börse haben Sie im Verlauf des Buches schon mehrmals gehört. Sie ist aktuell die größte Exchange und bietet speziell für erfahrene Investoren und auch kurzfristige Trader eine Vielzahl von Möglichkeiten. Das Handelsangebot ist üppig: Auf Binance können über 150 verschiedene Coins und Token gehandelt werden (Tendenz steigend)! Zusätzlich wird mit niedrigen Gebühren und einem hohen Grad an Sicherheit geworben. Dem entgegen stehen aber die teilweise recht kompliziert anmutende Benutzeroberfläche und der rein englische (und nicht gerade schnelle) Support.

Vorteile:

» Die größte Börse am Markt und daher seriös und sicher.

» Diverse Arten der Ein- und Auszahlung: (Schnell-)Überweisung, Kreditkarte, ...

» Nutzung per App und Computer möglich.

» Relativ niedrige Gebühren (nachzulesen auf der Webseite).

» Sehr umfangreiches Handelsangebot mit hunderten Coins und Token.

» Einrichtung von Sparplänen (monatlich automatisierter Kauf) möglich.

» Durch Nutzung der Binance-Zahlungskarte können die eigenen Kryptowährungen auch zum normalen Bezahlen genutzt werden.

» Umfangreiche Funktionen vor allem für erfahrene Investoren und Trader.

» Bietet mittlerweile einen „Basic-Modus“ für Einsteiger an.

- » Bonus: 10 % Cashback auf alle Gebühren beim Kauf von Kryptowährungen.

Nachteile:

- » Recht kompliziert anmutende Benutzeroberfläche (gewöhnungsbedürftig).
- » In der Vergangenheit hin und wieder Probleme bei Auszahlungen.
- » Kundenservice nur auf Englisch verfügbar.
- » Qualität des Kundenservice könnte besser sein (lange Wartezeiten).
- » Wurde im Mai 2019 gehackt, hat aber alle betroffenen Kunden entschädigt.

Fazit:

Binance richtet sich mit seinem hohen Funktionsumfang speziell an erfahrene Krypto-Investoren und Day-Trader (kurzfristiger, riskanter Handel). Für Anfänger ist die Börse – trotz des Basic-Modus – meiner Meinung nach nur bedingt geeignet. Der große Handelsumfang macht eine Nutzung (zusätzlich zu anderen Exchanges) aber fast schon notwendig, um ein breit gestreutes Portfolio auch mit kleineren Coins und Token aufzubauen.

Bonus:

Der angebotene Bonus für Leser dieses Buches sieht etwas anders aus als bei den bisher vorgestellten Börsen. Statt einer einmaligen Gutschrift gibt es bei Registrierung über den unten angegebenen Link 10 % Cashback auf alle Handelsgebühren. Diese Rückzahlung wird direkt nach dem Kauf und Verkauf in

Form des hauseigenen Binance Coin (BNB) gutgeschrieben. Eine Mindesteinzahlung oder Ähnliches ist nicht notwendig.

Registrierungslink: bit.ly/buchbinance10
Code: IWXO6GB7

QR-Code zum Einscannen:

Bitpanda: Umfangreiches Service aus Österreich

Dieser Anbieter platziert sich schon fast als Broker und weniger als reine Kryptobörse, da neben diversen Kryptowährungen auch Aktien, Edelmetalle und noch weitere Instrumente gehandelt werden können. Der Umfang an verfügbaren Coins und Token ist mit über 50 Stück als gut zu bewerten. Ich nutze den Anbieter aktuell nur selten, da mir einige (hier vorgestellte) Alternativen schlichtweg besser gefallen.

Vorteile:

» Österreichischer Anbieter mit Sitz in Wien, somit reguliert von der EU.

» Diverse Arten der Ein- und Auszahlung: (Schnell-)Überweisung, Kreditkarte, ...

» Gut übersichtliche Benutzeroberfläche in der App und am Computer.

» Relativ umfangreiches Handelsangebot + neben Kryptos auch andere Assets handelbar.

» Einrichtung von Sparplänen (monatlich automatisierter Kauf) möglich.

» Durch Nutzung der Bitpanda-Zahlungskarte können die eigenen Kryptowährungen auch zum normalen Bezahlen genutzt werden.

Nachteile:

» Gebühren sind sehr intransparent angegeben und teilweise höher als bei der Konkurrenz (nachzulesen im FAQ-Bereich auf der Webseite).

» Etwas langwierige Account-Erstellung.

- » Auszahlung von Fiat-Geld (Euro) nur mittels normaler Banküberweisung.
- » Kleinere Kryptowährungen oft nicht handelbar, daher ist meist ein zusätzlicher Anbieter nötig.
- » Bonus (siehe unten): NICHT für in Deutschland ansässige Investoren verfügbar (siehe Fußnote).

Fazit:

Bitpanda positioniert sich als Allround-Lösung im Krypto-Bereich und auch darüber hinaus. Interessanterweise habe ich mit dieser Börse meine „Reise" in die Welt der Kryptowährungen begonnen, nutze sie aber aktuell nur mehr sporadisch. Die relativ übersichtliche Oberfläche am PC und in der App machen sie auch für Einsteiger geeignet. Dem entgegen stehen vor allem die intransparenten und nicht unbedingt günstigen Gebühren.

Bonus:

Alle nicht in Deutschland ansässigen Leser[74] dieses Buches erhalten einen einmaligen Bonus in Höhe von 10 € bei Registrierung über den unten angegebenen Link. Dafür müssen nach der vollständigen Registrierung und Verifizierung mindestens 25 € eingezahlt und gehandelt werden.

Registrierungslink: bit.ly/buchbitpanda
Code: kein Code

QR-Code zum Einscannen:

74 Diese Einschränkung hat scheinbar regulatorische Gründe (laut Aussage von Bitpanda).

crypto.com-App: Alles aus einer Hand mit vielen Extras

Der Anbieter crypto.com mit Hauptsitz in Singapur ist ein weltweit tätiger Allround-Anbieter für alle Themen rund um Kryptowährungen und beschränkt sich dabei nicht nur auf den reinen Handel. Erwähnenswert sind die verschiedenen Arten der hauseigenen Zahlungskarte, die dem Nutzer diverse Vorteile wie Cashback auf alle Ausgaben (bis zu 8 %) sowie die kostenlose Nutzung von Netflix, Amazon Prime, Spotify und anderen Diensten ermöglichen.

Vorteile:

» Etablierter Anbieter mit mehreren Millionen Kunden weltweit.

» Schnelle Account-Erstellung per App, Verifizierung durch Hochladen eines Ausweises + Adressbestätigung.

» Sehr niedrige Gebühren (nachzulesen auf der Webseite).

» Sehr umfangreiches Handelsangebot mit hunderten Coins und Token.

» Einrichtung von Sparplänen (monatlich automatisierter Kauf) möglich.

» Die wahrscheinlich umfangreichste Zahlungskarte ihrer Art mit diversen Funktionen und Vorteilen (verschiedene „Stufen“ erhältlich, nachzulesen auf der Webseite).

» Möglichkeit, seine Kryptowährungen „anzulegen“ und Prozente darauf zu erhalten.

» Umfangreiche weitere Funktionen sowohl für Anfänger als auch erfahrene Investoren.

» Schneller und guter Kundenservice mit kurzen Reaktionszeiten.

» Üppiger Bonus: 25 $ (Bedingungen siehe unten).

Nachteile:

- Nutzung nur per App möglich, nicht am Computer.
- Teilweise lange Ladezeiten in der App, auch Abstürze gab es schon.
- Nur zwei Arten der Einzahlung: Banküberweisung (kostenlos) und Kreditkarte (ca. 4,5 % Gebühren).
- Gebühren sind zwar gering, werden aber etwas intransparent angegeben.
- Kundenservice in diversen Sprachen verfügbar, nicht aber auf Deutsch.

Fazit:

Die crypto.com-App ist mittlerweile mein Allround-Anbieter geworden, den ich fast schon täglich für alles rund um Kryptowährungen nutze. Diese Vorstellung hier wird dem Funktionsumfang dabei keinesfalls gerecht, weshalb Sie sich bestenfalls noch auf der Webseite weiter informieren sollten. Tatsächlich fallen mir außer den hier aufgezeigten „Kleinigkeiten" keine großartigen Nachteile ein. Die App ist sowohl für vollkommene Neulinge als auch für erfahrene Nutzer geeignet.

Bonus:

Der recht üppige Bonus von 25 $ (ca. 20 €) wird bei Registrierung per App über den unteren Link samt Code ausbezahlt. Nach vollständiger Registrierung und Verifizierung muss man dafür mindestens 350 € in den hauseigenen CRO-Coin investieren und mindestens 180 Tage staken. Zusätzlich erhält man dafür die kostenlose Zahlungskarte in der Version „Ruby Steel" aus Stahl. Diese bietet neben 2 % Cashback auf alle Ausgaben auch eine praktisch kostenlose Mitgliedschaft des Musikdienstes Spotify (kostet normalerweise ca. 10 € pro Monat). Daneben gibt es noch andere Karten (auch ohne Mindestinvestition), besuchen Sie dafür am besten die Webseite des Anbieters.

Registrierungslink: bit.ly/buchcryptocom
Code: 78qrjdh7r5

QR-Code zum Einscannen:

Damit kennen Sie nun einige der größten und wichtigsten Börsen sowie deren jeweilige Eigenschaften. Dabei ist dies hier lediglich als kurze Vorstellung zu betrachten, nicht aber als vollständiger Erfahrungsbericht. Auch wenn ich all diese Anbieter hier persönlich nutze (oder genutzt habe), handelt es sich dabei nicht um eine Empfehlung, sondern eben nur um eine Vorstellung. Was ich Ihnen aber empfehlen möchte, ist das Folgende: **Informieren Sie sich immer selbst über eine Börse, bevor Sie sich registrieren (vor allem bei kleineren und unbekannten Anbietern)!**

Ein bereits angesprochenes Problem haben aber alle Exchanges gemeinsam: Gibt es technische Probleme oder werden sie gar gehackt, dann sind auch Ihre dort gelagerten Mittel in Gefahr. Die Lösung für dieses Problem bietet die ...

Lagerung in eigener „Hot Wallet“

Aus dem im letzten Kapitel angesprochenen Grund empfiehlt sich – speziell bei größeren Beträgen – eine Lagerung der Coins in einer eigenen privaten Wallet. Nur dabei können Sie wirklich vollkommen unabhängig und selbst über Ihre Kryptowährungen verfügen und sie auch selbstständig versenden und verwalten.

Daher lautet die Grundregel:

Lassen Sie größere Beträge bestenfalls nicht auf einem Exchange-Konto liegen, sondern senden Sie die Kryptowährungen an eine eigene Wallet!

Wenn es um Wallets geht, dann gibt es zunächst einmal zwei verschiedene Arten:

1. „**Hot-Wallet**“ = Eine Wallet, welche am Computer oder meist Smartphone erstellt wird. Man greift anschließend über das Internet darauf zu. Im folgenden Kapitel geht es speziell um diese Art von Krypto-Geldbörse.
2. „**Cold-Wallet**“ = Ein eigenes „Stück Hardware“ (meist wie ein USB-Stick) dient als Offline-Lagerstätte für Ihre Coins und Token. Mehr dazu im nächsten Kapitel, also der dritten Stufe bzw. dem dritten Schritt

Neben der weitaus besseren Sicherheit bietet die Lagerung der eigenen Kryptowährungen in einem sogenannten Hot-Wallet noch einen weiteren großen Vorteil: Nur über diese Art und Weise können die meisten Coins effektiv und schnell verschickt und empfangen werden. Die Exchanges benötigen für diese Vorgänge meist einige Stunden bis sogar Tage, da alles erst geprüft und anschließend bestätigt werden muss.

Noch dazu sind Sie bei einer Lagerung auf einer Börse immer vom guten Willen derjenigen abhängig. Online gibt es teilweise einige Berichte von Menschen, deren Accounts – auch bei bekannten Börsen – quasi „eingefroren" wurden und sie keinen Zugriff mehr darauf hatten. Bestenfalls erhielten sie nach einem nervenaufreibenden und zeitintensiven Kontakt mit dem Kundenservice wieder Zugriff auf Ihre Gelder. Im schlimmsten Fall – na ja, Sie wissen wohl, worauf ich hinaus will ...

In der Welt der Kryptowährungen gibt es einen ganz wichtigen Satz, den Sie sich unbedingt merken sollten:

Not your keys – not your crypto!
Nicht deine Keys – nicht deine Kryptos![75]

Das Problem mit den Exchange-Konten ist schlicht, dass in diesem Fall die Private Keys nicht auf Ihrem Gerät gelagert oder von Ihnen persönlich verwaltet werden, sondern von der Börse. Diese erhält somit (zumindest theoretisch) den vollen Zugriff auf alle Gelder Ihres Kontos.

Wenn Sie eine renommierte Exchange wählen (wie die hier vorgestellten), dann gibt es hierbei zu 99,99 % keine Probleme. Trotzdem: Mir gefällt alleine der Gedanke schon nicht, dass jemand anders den vollen Zugriff auf mein Geld hat. Da kann ich es ja gleich einfach auf einem Bankkonto lagern, oder? ;-)

Aus diesen Gründen empfehle ich Ihnen wirklich eindringlich, vor allem größere Beträge von Kryptowährungen stets in Ihrer eigenen (Hot-)Wallet aufzubewahren.

---

75 Gemeint ist hier natürlich der bereits im Theorieteil angesprochene Private Key, durch den man vollen Zugriff auf die betreffende Wallet samt aller darauf gelagerten Coins erhält.

Welche Hot-Wallets gibt es?

Nachdem wir nun geklärt haben, welche Vorteile die Lagerung von Kryptowährungen in einer eigenen privaten Wallet bietet, sehen wir uns an, wie das genau aussieht.

Zusammengefasst ist eine sogenannte Hot-Wallet also eine Krypto-Geldbörse, die die Kryptowährungen mithilfe des Private Keys online speichert.

Wichtig bei der Auswahl einer Hot-Wallet sind die darauf lagerbaren Kryptowährungen. Auf einer reinen Bitcoin-Wallet werden Sie niemals Ethereum oder andere Altcoins lagern können!

Wenn Sie versuchen, einen nicht kompatiblen Coin oder Token auf eine Wallet zu senden, dann könnten die Gelder unwiederbringlich verloren gehen!

Aus diesem Grund haben Sie zwei Möglichkeiten:

» Viele verschiedene Wallet-Apps für jede einzelne Kryptowährung.

» „Nur" 1 - 3 Wallets, die mehrere Kryptowährungen unterstützen.

Für eine Auswahl der richtigen Wallet müssen Sie also zuerst klären, in welche Kryptowährungen Sie überhaupt investieren möchten. Ich kann Ihnen für die Auswahl der Wallets leider auch keine Empfehlung geben, da es dafür einfach zu viele da draußen gibt. Ich bitte Sie daher, sich selbst etwas zu informieren. Vor allem die unterstützten Coins und Token sind natürlich entscheidend. Grundsätzlich sind übrigens alle Wallets vollkommen kostenfrei nutzbar.

Ich persönlich nutze folgende Wallet-Apps (oder habe sie in der Vergangenheit genutzt):

- » **blockchain.com Wallet** (unterstützt vor allem die größeren Coins wie Bitcoin, Ethereum und Co.).
- » **crypto.com DeFi Wallet** (sehr gut in Kombination mit der zugehörigen crypto.com-App).
- » **PEAKDEFI Wallet** (für Ethereum sowie Binance Coin und die Token dieser beiden).
- » **Trustwallet** (vor allem für Binance Coin und seine Token).

Suchen Sie doch einfach einmal im App Store Ihres Smartphones nach diesen Apps oder nutzen Sie Google und informieren Sie sich bestenfalls noch etwas darüber.

Nutzung einer Hot-Wallet

So, wenn Sie nun Ihre bevorzugte Wallet-App heruntergeladen und installiert haben, müssen wir diese noch einrichten und können sie dann nutzen. Beachten Sie, dass jede App hier etwas anders funktioniert, im Normalfall sind sie aber alle sehr nutzerfreundlich gestaltet und auch auf Deutsch verfügbar. Die Grundfunktionen laufen bei allen eigentlich gleich ab. Hier folgen die wichtigsten Tipps zur Nutzung:

1. Bei der Erstellung der Wallet wird Ihnen eine Sicherheitsphrase angezeigt, welche aus 12 bis 24 englischen Wörtern besteht. **SCHREIBEN SIE DIESE WÖRTER UNBEDINGT IN DER RICHTIGEN REIHENFOLGE AUF!**

   Hierbei handelt es sich um Ihren Sicherheitscode, der den Private Key in verschlüsselter Form darstellt. Wenn Sie Ihre Wallet auf einem neuen Gerät öffnen möchten, dann brauchen Sie zwingend diese Phrase. Machen Sie dabei aber bitte auch nicht einfach einen Screenshot, sondern schreiben Sie die Wörter auf einem Stück Papier auf, welches Sie dann sicher verwahren. Wenn jemand Ihr Handy hackt oder

Ähnliches, dann hätte er mit diesem Foto uneingeschränkten Zugang zu Ihren Coins auf der Wallet.

2. Da der Zugang in den meisten Fällen über eine App auf dem eigenen Smartphone erfolgt, sollten Sie Ihr Handy und auch die App selbst durch Nutzung eines Passwortes oder PIN-Codes (oder auch Fingerabdruck- bzw. Gesichtserkennung) bestmöglich vor unbefugtem Zugriff schützen!
3. Wenn Sie versuchen, einen nicht kompatiblen Coin oder Token auf eine Wallet zu senden, dann könnten die Gelder unwiederbringlich verloren gehen! Achten Sie daher vor jeder ein- und ausgehenden Transaktion darauf, die richtige Wallet und den richtigen Public Key ausgewählt und eingegeben zu haben.
4. Um die Kryptowährung(en) jetzt von der Exchange auf die Wallet zu überweisen, suchen Sie in Ihrer App den Button „Empfangen“ (oder so ähnlich) und kopieren den nun erscheinenden Public Key. Diesen fügen Sie in der „Kryptowährung auszahlen“-Funktion Ihrer Exchange ein und prüfen ihn nochmals. Dann nur noch die Auszahlungsanfrage bei der Börse abschließen und nachdem diese freigegeben wurde, sollten die Gelder innerhalb weniger Minuten oder Stunden in Ihrer Wallet sichtbar sein (abhängig vom Netzwerk).
5. Möchten Sie Coins oder Token an eine andere Wallet schicken, dann funktioniert das genau gleich. Dazu brauchen Sie nur in Ihrer App auf „Senden“ (oder so ähnlich) gehen und den zuvor kopierten Public Key von der Empfänger-Wallet einfügen. Nochmal kurz prüfen und ab damit![76]

---

76 Hier können Sie meist die Transaktionsgeschwindigkeit einstellen, indem Sie mehr oder weniger zu bezahlende Überweisungsgebühr eingeben (Sie erinnern sich: Dieses Geld geht an die Miner für ihre Bestätigungsarbeit). Ich empfehle Ihnen, den von Ihrer Wallet-App empfohlenen Mindestbetrag zu wählen, damit die Sendung nicht „steckenbleibt“.

Die meisten Apps machen das nochmal einfacher, indem man – statt den Empfänger-Public-Key einzufügen – auch einfach den dort erscheinenden QR-Code scannen kann. Diese Funktion bieten aber noch nicht alle Wallet-Apps an.

6. Umgekehrt – also wenn Sie von einer anderen Wallet Mittel empfangen – funktioniert es natürlich genau anders herum.
7. Viele Wallets bieten auch den direkten Kauf von Kryptowährungen in der App an (oft mit Kreditkarte). Davon ist eher abzuraten, da die Gebühren meist recht hoch sind.
8. Ebenfalls eine spannende Funktion vieler Wallet-Apps ist „Swap". Dabei tauschen Sie eine Kryptowährung gegen eine andere um, ohne den Umweg über Euro oder Dollar zu gehen. Sie tauschen also zum Beispiel von Bitcoin direkt in Ethereum um. Beachten Sie auch hier bitte unbedingt die Gebühren!

   Die meisten Exchanges bieten diesen Service übrigens ebenfalls an – bei oft geringeren Kosten.

Damit kennen Sie nun die Funktionsweise einer Hot-Wallet in Form einer App am Smartphone. Einige Anwendungen bieten dabei noch weitere Funktionen (wie Staking von bestimmten Coins), für unsere Zwecke reichen hier aber die Grundlagen. Ich wiederhole mich nochmal: Eine Lagerung von Kryptowährungen in einer privaten Wallet anstatt auf der Exchange bietet eine Vielzahl von Vorteilen und ist daher grundsätzlich zu empfehlen. Besonders bei größeren Geldbeträgen möchte ich Ihnen dies nahelegen.

Der einzige „Nachteil", den die Hot-Wallets haben, ist die Speicherung auf einem Smartphone und der Zugriff über das Internet. Wenn sich jemand unbefugt Zugang zu Ihrem Handy verschafft, dann sind auch Ihre Coins und Token in allen auf dem

Gerät befindlichen Wallets gefährdet. Dieses Problem löst eine ...

Lagerung in einer „Cold-Wallet"

Zu Beginn des vorherigen Kapitels habe ich die sogenannten „Cold-Wallets" schon einmal kurz erwähnt. Es handelt sich dabei um eine Art von Wallet, die offline auf einem kleinen Mikrochip oder Computer (meist in Form eines USB-Sticks) gespeichert wird. Da die Wallet damit keine dauerhafte Verbindung zum Internet hat, stellt eine Cold-Wallet die wohl sicherste Art der Lagerung von Kryptowährungen dar (solange man sie nicht verliert).

Somit ist die Aufbewahrung in einer derartigen Offline-Geldbörse bei großen Beträgen oder für besonders sicherheitsorientierte Investoren durchaus zu empfehlen.

Ich zeige hier nun einige Vor- und Nachteile gegenüber einer Hot-Wallet auf. Danach zeige ich Ihnen, wie man solche Geldbörsen grundsätzlich verwendet und welche Cold-Wallet ich verwende.

Vorteile gegenüber einer Hot-Wallet:

» Drastisch erhöhte Sicherheit, da das Hacken des Geräts praktisch unmöglich ist, wenn es nicht gerade zur momentanen Verwendung mit einem Computer verbunden ist.

» Leichte Lagerung, da die Geräte meist sehr klein und handlich sind.

» Verwendung grundsätzlich genauso einfach wie bei einer Hot-Wallet, nur muss das Gerät zunächst mit einem Computer verbunden werden.

- » Meist können auf einer einzigen (guten) Cold-Wallet nahezu alle relevanten Coins, in die man investieren möchte, gelagert werden. Man hat somit alle seine Kryptos an einem Ort.
- » Wenn man sein Handy verliert, muss man sich keine Sorgen um die darauf gespeicherten Wallets und Coins machen, da diese ja in der Cold-Wallet liegen, welche Sie (bestenfalls) zu Hause an einem sicheren Ort verwahren.

Nachteile gegenüber einer Hot-Wallet:

- » Kostenpflichtig (Eine gute Cold-Wallet gibt es ab etwa 60-70 €.)
- » Nicht so flexibel einsetzbar, da zum Senden und Empfangen von Coins ein Computer verwendet werden muss, welchen man mit der Wallet verknüpft.
- » Grundsätzlich kein Staking oder andere Funktionen von Hot-Wallets verfügbar (Swap etc.).

Verwendung einer Cold-Wallet

Hier nun einige Tipps zur Nutzung von Cold-Wallets:

1. **Wenn Sie sich für den Kauf einer Cold-Wallet entscheiden, dann erwerben Sie diese bitte NUR vom Hersteller direkt und nicht etwa bei eBay oder so.** Ein Verkäufer mit betrügerischen Absichten könnte das Gerät vor dem Versand selbst kurz in Betrieb nehmen und sich die Sicherheitsphrase notieren. Er würde damit Zugriff auf Ihre später darauf gelagerten Coins erhalten.
2. Beachten Sie zur Inbetriebnahme und generell für alles Weitere die dem Gerät beigelegte Anleitung! Da jede Cold-Wallet etwas anders ist, kann ich hier nur einige grobe Tipps geben.

3. Bei der ersten Nutzung wird – wie bei einer Hot-Wallet – eine Sicherheitsphrase aus 12 bis 24 englischen Wörtern angezeigt. Diese sollten Sie sich ebenfalls auf einem Stück Papier notieren und getrennt vom Gerät (sicher) aufbewahren.
4. Achten Sie auch hier wieder darauf, nur kompatible Kryptowährungen an Ihre Wallet zu schicken. Andernfalls könnten die Gelder verloren gehen!
5. Das Empfangen und Versenden von Kryptowährungen über eine Cold-Wallet funktioniert grundsätzlich genau gleich wie bei einer Hot-Wallet. Nur, dass Sie dafür eben die Verbindung zum Netzwerk über einen externen Computer nutzen. Beachten Sie dafür die dem Gerät beigelegte Anleitung!
6. Die meisten solcher Cold-Wallets werden per USB mit einem Computer verbunden, manchmal ist aber auch ein eigenes Kabel notwendig. Und bei teureren Geräten klappt es sogar per Bluetooth. Hierbei sollten Sie aber nach der Nutzung die Verbindung unbedingt wieder trennen.

Bekannte Anbieter von Cold-Wallets

Falls Sie sich nun entschieden haben, die nächste Stufe zu besteigen und die Sicherheit Ihrer Krypto-Investition zu optimieren, dann gilt es, eine geeignete Cold-Wallet auszusuchen.

Die beiden bekanntesten Anbieter sind die folgenden:

» Ledger ⇨ ledger.com

» Trezor ⇨ trezor.io

Ich persönlich kenne und nutze nur Cold-Wallets von Ledger und kann daher zu Trezor und auch anderen Konkurrenten nicht viel sagen. Bei einer entsprechenden Recherche habe ich (neben einigen negativen Nutzerbewertungen) aber nicht viel Schlechtes über diesen Anbieter gefunden.

Ich denke daher, dass Sie mit beiden nicht viel falsch machen können.

Natürlich bieten diese Hersteller mehr als jeweils eine einzige Cold-Wallet an. Bei der Auswahl gilt es, Ihre persönlichen Präferenzen zu klären. Dazu sei aber gesagt, dass die teureren Varianten meist durchaus einige spannende Features zu bieten haben. Darunter zum Beispiel:

» Mehr lagerbare Coins und Token (bis zu 1.500 verschiedene Stück!).

» Zusätzliche Sicherheit z. B. durch Verschlüsselung mittels Fingerabdruck.

» Teilweise sogar Staking möglich.

» Verbindung auch per Bluetooth möglich.

» ...

Die wichtigsten und wirklich entscheidenden Grundfunktionen bieten aber auch die günstigeren Einsteiger-Varianten. Meine Empfehlung ist daher, zunächst einmal ein günstiges Modell für den Start zu wählen und eventuell bei Bedarf später ein „Upgrade“ zu einem teureren Wallet zu machen.

Ich persönlich verwende aktuell vor allem die „Ledger Nano X“, was die Premium-Version des Herstellers Ledger darstellt. Zuvor habe ich aber auch lange Zeit den „Nano S“ verwendet (die günstigere Einsteiger-Variante). Ich hatte weder mit dem einen noch mit dem anderen Gerät jemals Probleme und kann eigentlich nur Gutes berichten und Ihnen diesen Hersteller daher grundsätzlich sehr ans Herz legen.[77]

Als Leser dieses Buches erhalten Sie auch an dieser Stelle wieder ein spezielles Angebot, wenn Sie einen Ledger Nano S über den unten angegebenen Link direkt vom Hersteller erwerben. Normalerweise kostet die Einsteiger-Version der Cold-Wallets von Ledger knapp 60 € pro Stück, Sie erhalten aber das „Crypto Starter Pack“, bestehend aus einem Nano S, einem Krypto-Guide als PDF und einem 25 $-Gutschein für den Kauf Ihrer Coins und Token (bei Kauf von Kryptos für 60 $) anstatt knapp 90 € für nur 69 €!

Übrigens gibt es beim Kauf von drei oder mehr Nano S auch Mengenrabatte. Besuchen Sie dafür bei Interesse einfach die Webseite von Ledger:

Bonuslink: bit.ly/buchledger

QR-Code zum Einscannen:

Natürlich können Sie auch direkt den „Bentley“ wählen und einen Ledger Nano X über diesen Link erwerben (129 € pro Stück).

Es handelt sich auch dabei natürlich lediglich um ein Angebot, das Sie nutzen können oder auch nicht. In jedem Fall empfehle ich Ihnen auch hier eine gründliche Recherche vor dem Kauf!

---

77 Ich denke natürlich, dass auch der Konkurrent „Trezor“ gute Produkte bietet, kenne diese aber einfach nicht gut genug, um etwas dazu zu sagen.

Und damit ich es noch einmal erwähnt habe:

Kaufen Sie Cold-Wallets NIEMALS von einem Drittanbieter, sondern immer vom Hersteller direkt!

Optionaler 4. Schritt: Portfolio bei coinmarketcap.com verfolgen

Nach Umsetzung der drei bisher genannten Schritte sind Sie eigentlich schon fertig und können sich offiziell zur „Riege der Krypto-Investoren" zählen. Auch wenn Sie „nur" die beiden ersten Stufen umgesetzt haben und Ihre Coins nach dem Kauf bei einer Exchange in Ihrer eigenen Hot-Wallet lagern, sind Sie schon sehr gut unterwegs. Lediglich die reine Lagerung auf einem Börsen-Konto möchte ich Ihnen nicht empfehlen, denn dadurch verlieren Sie jegliche Unabhängigkeit, welche das Thema der Kryptowährungen ja gerade so interessant macht.

Wenn Sie mehrere Wallets nutzen oder einfach nur gerne den Überblick über Ihre Investitionen behalten möchten, dann gibt es nun noch einen (rein optionalen) vierten Schritt, den ich Ihnen zeigen möchte.

Legen Sie sich bei coinmarketcap.com ein kostenfreies Konto an und fügen Sie sämtliche Ihrer gekauften Coins und Token in dem Portfolio Ihres Kontos hinzu.

Dieser kleine Zusatzschritt macht die Verfolgung der Wertentwicklung Ihres Gesamtportfolios sehr einfach und lässt Sie sehr leicht den Überblick über alle Ihre Investitionen bewahren. Sie können auch spannende Kryptowährungen für eventuelle zukünftige Investitionen auf Ihrer Merkliste hinterlegen und so verfolgen.

Daneben bietet ein Coinmarketcap-Konto noch einige weitere einfach praktische Hilfen und Unterstützungen und ist dabei komplett kostenlos. Ich nutze es nun auch schon länger, um einfach auf dem neuesten Stand meiner Investitionen und des Gesamtmarktes zu bleiben und mir interessante Möglichkeiten zu „merken". Da das aber sowieso schon zu 100 % kostenlos ist, gibt es hier ausnahmsweise kein Spezial-Angebot von mir.

Schritt-für-Schritt-Anleitung/ Checkliste zum Investieren in Kryptowährungen

Stufe 1: Kauf von Kryptowährungen über eine Exchange

1. Jeweilige Kryptowährung und Menge zum Kauf auswählen (nach entsprechender Recherche).
2. Passende Exchange wählen, bei der die gewünschten Coins und Token handelbar sind. (Nutzen Sie hierzu die Empfehlungen weiter vorne und informieren Sie sich selbstständig noch weiter!)
3. Bei entsprechender Börse registrieren (mit oder ohne Sonderangebot) und eventuell zugehörige App herunterladen sowie Konto einrichten.
4. Konto vollständig verifizieren (Ausweisdokument, evtl. Adressbestätigung, evtl. Video-Ident, ...).
5. Fiat-Währung (Euro) in Börse einzahlen mit gewünschter Einzahlungsart (Gebühren beachten!).
6. Gewünschte Kryptowährung heraussuchen, Menge auswählen und mit Euro kaufen (dabei den Anweisungen der Börse folgen).

Stufe 2: Lagerung in eigener (Hot-)Wallet

1. Für eine oder mehrere Hot-Wallet(s) entscheiden. (Nutzen Sie auch hier die Vorschläge weiter vorne und informieren Sie sich noch selbstständig!) Beachten Sie vor allem die unterstützten Kryptowährungen!

2. Wallet-App aus Ihrem App Store herunterladen und einrichten. (Sicherheitssatz aufschreiben!)
3. Von Börse auf Hot-Wallet auszahlen. (Beachten Sie die Anleitung weiter vorne bzw. folgen Sie den Anweisungen der Börse und Wallet-App.)
4. Bonus: Staking einrichten, wenn verfügbar und gewünscht. (Auch hier wieder den Anweisungen der App folgen und entsprechend informieren.)

Stufe 3: Lagerung in einer Cold-Wallet

1. Für einen Anbieter und eine Cold-Wallet entscheiden sowie diese erwerben (**BEIM HERSTELLER DIREKT!**).
2. Sie können auf Wunsch das Angebot für einen Ledger Nano S oder X weiter vorne nutzen.
3. Nach Lieferung erstmals in Betrieb nehmen und einrichten. (Sicherheitssatz aufschreiben!)
4. Von Börse oder Hot-Wallet auf Cold-Wallet überweisen. (Dabei den beigelegten Anweisungen der Cold-Wallet und jener der entsprechenden Börse folgen!)

Optional:
Stufe 4: coinmarketcap.com zur Kursverfolgung

1. coinmarketcap.com-Konto kostenlos erstellen und App (nach Wunsch) herunterladen.
2. App und Konto vollständig einrichten.
3. Jede einzelne gekaufte Kryptowährung entsprechend eintragen, bis das vollständige Portfolio hinterlegt ist. (Dabei den Anweisungen von coinmarketcap.com folgen.)

4. Eventuell spannende Coins und Token auf der Merkliste platzieren.
5. Kurse verfolgen, auf dem neuesten Stand bleiben usw.

Da ich natürlich weiß, dass man nicht immer das ganze Buch zur Hand hat oder nehmen möchte, können Sie diese praktische Checkliste unter dem unten angeführten Link jederzeit kostenlos als PDF herunterladen und einfach auf Ihrem Computer oder Smartphone abspeichern. Oder aber Sie drucken die Anleitung einfach aus und bewahren es in Papierform auf.

Geben Sie dazu den folgenden Link im Browser Ihres Computers oder Smartphones ein oder scannen Sie einfach den QR-Code mit dem Handy.

Link: bit.ly/kryptobuch_anleitung

Nachwort des Autors

Damit sind wir also am Ende unserer gemeinsamen Reise durch die Welt der Kryptowährungen angelangt. Ich hoffe, Sie konnten sich zumindest einige Informationen mitnehmen und wissen jetzt etwas besser über dieses spannende Thema Bescheid. Weiters kann ich nur hoffen, dass Sie das Buch auch wirklich so richtig „durchgearbeitet" haben, mit den Kontrollfragen, Kapitel-Zusammenfassungen usw. Diese Tools habe ich extra so gestaltet, dass Sie als Leser das Maximum aus dem Buch herausholen können. Wenn Sie es bis jetzt nur einmal überflogen oder schnell durchgelesen haben, dann lade ich Sie ein, noch einmal ganz von vorne zu beginnen und diesmal alle Hilfsmittel zu nutzen. Ich bin mir sicher, dass so auch Sie zu einem wahren Krypto-Experten werden!

Dabei möchte ich natürlich noch anmerken, dass dieses Werk nur die Spitze des Eisberges darstellt und für Einsteiger daher perfekt ist. Es hat aber keineswegs einen Anspruch auf Vollständigkeit, dafür ist der Bereich einfach zu groß und umfangreich.

Des Weiteren stellen einige Passagen nur Momentaufnahmen dar. Da der Markt ständig im Wandel ist, verändern und erneuern sich auch wesentliche Teile der Technologie dauerhaft. Auch einige der angesprochenen Coins und Token zählen vielleicht momentan zu den größten und wichtigsten ihrer Art, in wenigen Monaten oder Jahren könnte das aber schon wieder alles anders aussehen. Die hier beschriebene Basis, wie Ursprung und Historie, technologische Grundlagen und eigentlich der gesamte Praxisteil, ist aber vollkommen zeitlos und auch in mehreren Jahren noch relevant. Klar, Binance kann zukünftig schon mal als größte Börse von einem Newcomer abgelöst werden, der grundlegende Prozess des Investierens bleibt aber der gleiche.

Daher möchte ich Sie aufrufen, nicht einfach hier aufzuhören, sondern wirklich weiter am Ball zu bleiben und sich noch tiefer mit der Materie zu beschäftigen. Nur so können Sie sicherstellen, immer auf dem neuesten Stand zu sein, was klare Vorteile auch für das bloße Investieren mit sich bringt. Und wer weiß, vielleicht entdecken Sie dabei ja ein junges Krypto-Projekt, das eines Tages den Bitcoin oder Ethereum komplett ablösen wird? (Man stelle sich nur einmal die zugehörige Kurssteigerung vor!)

Wenn ich also jetzt Ihr Interesse geweckt habe und Sie noch weiterlernen möchten, dann finden Sie in der Linksammlung weiter hinten einige spannende Wissensquellen, die ich sowohl zur persönlichen Weiterbildung als auch zur Recherche für dieses Buch verwendet habe.

Ebenfalls darin zusammengefasst finden Sie nochmal alle relevanten Links des Praxisteils, von Börsen über Vorteile für Leser bis hin zu den wichtigsten Herstellern von Cold-Wallets. Beachten Sie dabei einen etwaigen Bonus, den Sie für eine Registrierung über den entsprechenden Link erhalten. Details dazu finden Sie jeweils in der Vorstellung der jeweiligen Börse, in der Linksammlung werde ich aber nicht mehr näher darauf eingehen. Es bleibt natürlich vollkommen Ihnen überlassen, ob Sie diese Angebote annehmen oder nicht. Sie können sich selbstverständlich auch ohne Bonus registrieren. Besuchen Sie dafür einfach die normale Webseite des Anbieters und registrieren sich ganz normal.

Noch weiter hinten, ganz am Ende des Buches finden Sie außerdem noch eine praktische Sammlung an wichtigen Begriffen und Fachausdrücken in der Welt von Kryptowährungen, Blockchain und Co. Sie können dieses Sachwortverzeichnis immer wieder hervorholen, wenn Sie sich bei einem Ausdruck nicht ganz sicher sind.

Natürlich stellt diese Sammlung ebenfalls keinen Anspruch an Vollständigkeit. Aufgrund der sich ständig verändernden Technologie und des Marktes allgemein befindet sich auch die Begriffswelt dauerhaft im Wandel.

Zum Abschluss möchte ich mich noch einmal für Ihre Zeit und Ihr Vertrauen bedanken. Unter der weiter unten angegebenen E-Mail-Adresse können Sie mich gerne persönlich kontaktieren, etwa für Feedback, Lob, Kritik, Verbesserungsvorschläge usw. Ich möchte Sie wirklich dazu aufrufen, sich bei mir zu melden, wenn Sie irgendwelche Gedanken haben (sowohl positiv als auch negativ).

Auch wenn Sie beispielsweise mehr zu meiner persönlichen Investmentstrategie oder den aktuellen Coins und Token in meinem Portfolio wissen möchten, freue ich mich über Ihre Nachricht.

Ich werde natürlich versuchen, schnellstmöglich auf alle Anfragen zu antworten, hin und wieder kann sich meine Rückmeldung aber aus verschiedenen Gründen um einige Tage verzögern. Daher bitte ich um Geduld und Verständnis. :-)

Hier die versprochene E-Mail-Adresse:
kryptobuch@gmx.net

Ich wünsche Ihnen gutes Gelingen bei Ihren Krypto-Investitionen und natürlich alles Liebe, Glück und Erfolg für Ihr weiteres Leben!

Herzlichst
Ihr Thomas Artelsmair

Linksammlung

Hier finden Sie alle wichtigen erwähnten Webseiten, Zahlen Daten und Fakten gesammelt im Überblick. Weiters habe ich nochmals alle vorgestellten Börsen, Cold-Wallets und weitere Angebote und Vorteile für Sie als Leser zusammengefasst. Und zu guter Letzt gibt es für Menschen, die jetzt auf den Geschmack gekommen sind und noch mehr lernen wollen, auch noch Verlinkungen zu externen (kostenlosen) Weiterbildungsangeboten, Webseiten für Krypto-Nachrichten und noch vieles mehr. Reinschauen lohnt sich!

Über den folgenden Link gelangen Sie direkt zur Übersicht mit allen Informationen gesammelt. Geben Sie dafür den Link in den Browser Ihres Computers oder Smartphones ein. Alternativ können Sie auch den zugehörigen QR-Code ganz einfach mit dem Handy einscannen und werden sofort zur Übersicht verlinkt.

Link: bit.ly/kryptobuch_übersicht

Sachwortverzeichnis

Auf den folgenden Seiten habe ich Ihnen einige der wichtigsten Begriffe und Fachausdrücke der Krypto-Welt (und darüber hinaus) zusammengefasst und versuche, diese kurz und prägnant zu erklären. Diese Liste bildet dabei nur einen kleinen Teil der vielen Fachbegriffe der Branche und stellt keinen Anspruch auf Vollständigkeit. Das ist alleine schon aufgrund der Schnelllebigkeit der Branche nicht möglich.

Sollte Ihnen trotzdem noch irgendetwas unklar sein oder Sie weitere Fragen oder Feedback haben, dann freue ich mich über Ihre Nachricht per Mail an: kryptobuch@gmx.net!

Altcoin	Sammelbegriff für jeden Coin, außer Bitcoin
Asset	Vermögenswert, Anlage(klasse)
ATH (All Time High)	Höchster Kurs, der bislang von einer Kryptowährung erreicht wurde
„append-only“	Engl. für „nur Anhang“; es können nur neue Daten hinzugefügt werden, die bestehenden sind aber unveränderbar
Baisse	Börsensprache; Synonym für Bären(-markt)

Bären(-markt)	Bären = Verkäufer; Bärenmarkt = langanhaltend fallende Kurse
Bearish	Engl. „Bärisch“; Synonym zum Bären(-markt)
Bitcoin	Älteste, größte und wichtigste Kryptowährung
Bitcoin-Dominanz	Anteil des Bitcoins am Gesamtmarkt der Kryptowährungen, angegeben in Prozent
(Finanz-/Spekulations)Blase	Künstlich „aufgeblähte“ Marktsituation; Assets sind stark überbewertet
Blockchain	Dezentralisierte Datenbank; technische Grundlage der Kryptowährungen (und mehr)
Broker	Anbieter, über den an den Märkten gehandelt werden kann (z. B. Aktien)
Börse	Handelsplatz, über den Assets gehandelt werden können (hier vor allem Kryptowährungen)
Bullen(-markt)	Bullen = Käufer; Bullenmarkt = langanhaltend steigende Kurse
Bullish	Engl. „Bullisch“; Synonym zum Bullen(-markt)
Buy the dip	Bei einem Kursrücksetzer (günstig) einkaufen
Circulating Supply	Engl. „Umlaufversorgung“ (siehe diesen Begriff dazu)
Cold-Storage	Synonym zur Cold-Wallet
Cold-Wallet	Wallet ohne ständige Verbindung zum Netzwerk; typischerweise auf einem eigenen Computer-Chip (z. B. USB-Stick)
Coin	Kryptowährung MIT eigener Blockchain

Coiner	Jemand, der sich mit Kryptowährungen beschäftigt und diese kauft und besitzt
Community-Coin	Kryptowährung, die nur durch die Begeisterung ihrer Anhänger im Kurs steigt
Crash	Kurszusammenbruch (eines oder mehrerer Assets)
DApps („decentralized Apps")	Engl. „dezentralisierte Anwendungen"; Sammelbegriff für diverse Anwendungen der Blockchain-Technologie
Diversifikation	Ver- bzw. Aufteilung (des Geldes auf mehrere Assets)
DeFi („decentralized finance")	Engl. „dezentralisierte Finanzen"; Sammelbegriff für diverse Anwendungen der Blockchain-Technologie in der Finanzwelt
Deflation	Anhaltend fallende Preise für Güter und Dienstleistungen; Gegenteil der Inflation
Derivat	Spekulatives Finanzinstrument, das von einem Basiswert abgeleitet ist
Devisen	Währungen
Dezentralität	Nicht von einer zentralen Instanz abhängig; verteilt
ERC20-Token	Token basierend auf der Ethereum-Blockchain
Ethereum	Aktuell zweitgrößte Kryptowährung mit diversen Anwendungen
Exchange	Engl. „Börse", oft speziell für Kryptowährungen
Fiat-Währungen	Währungen ohne „realen Wert"; Dollar, Euro usw.

FOMO (Fear Of Missing Out)	Engl. „Angst, etwas zu verpassen“, führt zu Panik-Käufen unerfahrener Anleger
(Bitcoin-) Halving	Ereignis, ab dem die Bestätiger von BTC-Transaktionen (Miner) nur noch die Hälfte der vorherigen Vergütung erhalten
Hard-Cap	Maximale Grenze für die Umlaufversorgung bzw. maximale Anzahl jemals verfügbarer Coins einer Art
Handelsvolumen	Summe der in einem bestimmten Zeitraum gehandelten Menge (einer Kryptowährung)
Hardware-Wallet	Synonym für „Cold-Wallet“
Hausse	Börsensprache, Synonym für Bullen(-markt)
Hash	Komplexe mathematische Formel beim Mining
Hash-Rate	Geschwindigkeitsangabe beim Mining
Hodl	Einen Coin oder Token langfristig halten (auch wenn er gerade im Minus ist)
Hot-Wallet	Wallet mit ständiger Verbindung zum Netzwerk, meist als App auf dem Smartphone
Hype	Begeisterung, stark steigende Kurse (einer bestimmten Kryptowährung oder allgemein)
Hypecoin	Kryptowährung, die nur durch die Begeisterung ihrer Anhänger im Wert steigt
ICO („Initial Coin Offering“)	Engl. „Ursprüngliche Coin Ausgabe“; Ereignis, bei dem eine neue Kryptowährung erstmals ausgegeben wird
Inflation	Anhaltend steigende Preise für Güter und Dienstleistungen; Gegenteil der Deflation

Kryptowährung	Digitale Währung mit einem kryptografisch abgesicherten und dezentralen Zahlungssystem
Konsens-Algorithmus	(Mathematische) Möglichkeit zur Findung einer Übereinstimmung unter mehreren Teilnehmern (eines Netzwerks)
KYC („Know Your Customer“)	Engl. „Kenne deinen Kunden“; Bestätigung der Identität für Kunden (einer Krypto-Börse)
Large-Cap/-Coin/-Kryptow.)	Kryptowährung mit „großer“ Marktkapitalisierung
Long	Tradingsprache: Auf steigende Kurse setzen
Market-Cap	Engl. „Marktkapitalisierung“
Marktkapitalisierung	(Momentaner) Gesamtwert eines Assets oder einer Kryptowährung (z. B. Gesamtwert aller Bitcoins)
Mid-Cap/-Coin/-Kryptow.)	Kryptowährung mit „mittlerer“ Marktkapitalisierung
Mining	Einsatz von Rechenleistung zur Bestätigung von Krypto-Transaktionen (gegen eine Vergütung)
Mining-Rig	Spezielle Hardware für das Mining
(To the) Moon	Ausspruch bei Erwartung starker Kurssteigerung
No-Coiner	Jemand, der sich NICHT mit Kryptowährungen beschäftigt und diese NICHT kauft oder besitzt; teilweise sogar entschiedener Gegner von Kryptowährungen

Node	„Knotenpunkt“ eines Netzwerks, bestätigt Transaktionen und sorgt für die Stabilität des Systems
OTC („Over the Counter“)	Engl. „Über den Tresen“; außerbörslicher Handel
Private Key	Geheimes „Passwort“, durch das man den vollen Zugang zu einer Wallet und allen Coins darauf erhält
Proof-of-Stake (PoS)	Konsens-Algorithmus, bei dem die Bestätiger ihr eigenes Kapital als Sicherheit einsetzen
Proof-of-Work (PoW)	Konsens-Algorithmus, bei dem die Bestätiger ihre Rechenleistung als Sicherheit einsetzen
Portfolio	Sammlung aller Coins und Token, in die man momentan investiert ist
Public Key	„Öffentliche“ Adresse, die man beim Versenden einer Kryptowährung an eine externe Wallet angibt (ähnlich IBAN)
Satoshi	Kleinste Einheit, in die ein Bitcoin geteilt werden kann (1 BTC = 1 Mio. Satoshi) Alternativ: Bitcoin-Entwickler „Satoshi Nakamoto“ (Pseudonym)
Scam-Coin	Kryptowährung mit Betrugsabsichten der Entwickler
Security-Token	Token, der einen Vermögenswert abbildet (z. B. Immobilie, Unternehmen)
Shit-Coin	Aus verschiedenen Gründen „schlechte“ Kryptowährung
Short	Tradingsprache: Auf fallende Kurse setzen

Small-Cap/-Coin/-Kryptow.)	Kryptowährung mit „geringer“ Marktkapitalisierung
Smart Contract	Engl. „Intelligente Verträge“, die über eine Blockchain laufen
Sparplan	Monatlich automatisierter Kauf (von Kryptowährungen)
Spieltheorie	Mathematisches Prinzip, mit dem die Blockchain-Technologie arbeitet
Stablecoin	Kryptowährung, die 1:1 eine klassische Währung abbildet und daher genau so viel Wert ist wie diese
Staking	Einsatz des eigenen Kapitals, um als Knotenpunkt des Netzwerkes zu agieren und dafür eine Vergütung zu erhalten
Swap	Tausch einer Kryptowährung direkt in eine andere (ohne Umweg über Dollar oder Euro)
(Day-) Trader	Anleger mit (sehr) kurzfristigem Anlagehorizont; kann sowohl auf steigende als auch fallende Kurse spekulieren
Token	Kryptowährung OHNE eigene Blockchain, nutzt die Infrastruktur einer anderen Kryptowährung (z. B. diejenige von Ethereum)
Tokenisierte Vermögenswerte	Assets (z. B. Immobilie, Unternehmen), die über einen Security-Token aufgeteilt werden
Umlaufversorgung	(Momentane) Anzahl der verfügbaren Coins einer Kryptowährung (oder auch Aktie usw.)

Utility-Token	Token mit einem „realen Anwendungsfall“ (gibt es bereits in verschiedensten Arten und Bereichen)
Video-Ident(Verfahren)	Verfahren zur Verifizierung eines Kunden beim KYC
Volatilität	Stärke der Kursschwankungen eines Assets oder einer Kryptowährung
Wallet	„Konto“, in dem Kryptowährungen gelagert werden
Whale	Engl. „Wal“; jemand oder eine Gruppe, die sehr große Mengen einer Kryptowährung besitzt und deren Kurs dadurch mitbestimmen kann
Whitepaper	Dokument, in dem alles Wichtige zu einer Kryptowährung beschrieben wird (wie in einem Business-Plan)
51 %-Attacke	„Übernahme“ einer Blockchain unter Einsatz enormer Rechenleistung (bei großen Kryptowährungen praktisch unmöglich)

Diese Liste finden Sie übrigens – genau wie bei der Checkliste zum Investieren weiter vorne – unter dem folgenden Link bzw. QR-Code auch als PDF zum Herunterladen und Ausdrucken.

Link: bit.ly/kryptobuch_begriffe

Quellenverzeichnis

Neben meinem Vorwissen aus privatem Interesse habe ich auch noch Informationen aus folgenden Quellen bezogen, einige davon finden Sie auch in der Linksammlung (Thema: *Weitere Bildungsangebote*):

» coinmarketcap.com

» http://Thomix.marketpeak.com/register (kostenpflichtige Mitgliedschaft notwendig, diese habe ich privat schon länger, die Seite bietet Ausbildung, Cointipps für die Investition in verschiedene Coins und Anleitungen sowie weitere Dienstleistungen rund um Kryptowährungen, mehr Informationen auf Anfrage per Mail: kryptobuch@gmx.net)

» https://academy.binance.com/ (Online-Ausbildungsplattform der weltgrößten Kryptobörse Binance; kostenlos, aber Account bei Binance notwendig)

» https://www.coinbase.com/earn (Online-Ausbildungsplattform der bekannten Kryptobörse Coinbase, kostenlos aber Account bei Coinbase nötig, inkl. kleiner Vergütungen beim Lernen)

» Diverse Artikel bei wikipedia.org (sowohl auf Deutsch als auch Englisch)

- https://de.wikipedia.org/wiki/Bitcoin

- https://de.wikipedia.org/wiki/Blockchain
- https://de.wikipedia.org/wiki/Kryptographie
- https://de.wikipedia.org/wiki/Dezentrales_Netzwerk
- https://de.wikipedia.org/wiki/Satoshi_Nakamoto
- https://de.wikipedia.org/wiki/Ethereum
- https://de.wikipedia.org/wiki/Smart_Contract
- div. Weitere

» https://www.computerwoche.de/a/blockchain-was-ist-das,3227284

» https://hub.hslu.ch/informatik/blockchain-einfach-erklaert/

» https://de.bergfuerst.com/ratgeber/blockchain

» https://www.bosch.com/de/stories/blockchain-einfach-erklaert/

» https://www.coinpro.ch/die-geschichte-der-kryptowaehrungen/

» https://anycoindirect.eu/en/blog/what-is-mt.-gox-how-850.000-bitcoins-got-stolen

» https://www.billomat.com/lexikon/k/kryptowaehrung/#:~:text=Anfang%202009%20stellte%20ein%20bis,die%20erst%20vollst%C3%A4ndig%20dezentralisierte%20Kryptow%C3%A4hrung

» https://www.fr.de/wirtschaft/bitcoin-geschichte-satoshi-nakamoto-krypto-mining-13750661.html

» https://pey.de/blog/angebot-und-nachfrage-wie-entsteht-der-bitcoin-preis

» https://salamantex.medium.com/preisbildung-bei-bitcoin-co-%C3%BCber-einfl%C3%BCsse-und-die-parallelen-zum-gold-ebd1bc904a11

- » https://www.unternehmenswelt.de/wie-entsteht-der-preis-einer-crypto-waehrung
- » https://www.trading-fuer-anfaenger.de/kryptowaehrungen-wie-entsteht-der-kurs
- » https://www.bitpanda.com/academy/de/lektionen/von-welchen-faktoren-wird-der-bitcoin-preis-beeinflusst/
- » https://btcdirect.eu/de-at/was-sind-token
- » https://blockchainwelt.de/token-coin-unterschied/
- » https://www.blockchaincenter.net/klassifizierung-von-kryptowaehrungen/
- » https://btcdirect.eu/de-at/altcoins
- » https://blockchainwelt.de/altcoin-definition-und-uebersicht/
- » https://www.ionos.at/digitalguide/online-marketing/verkaufen-im-internet/die-besten-altcoins-alternativen-zu-bitcoin/
- » https://www.bitpanda.com/academy/de/lektionen/was-sind-altcoins/
- » https://www.cryptolist.de/ethereum
- » https://www.cryptolist.de/bitcoin
- » https://www.cmcmarkets.com/de-at/krypto-trading-lernen/was-ist-ethereum
- » https://www.finanzen.at/nachrichten/devisen/aufholbedarf-und-hohe-nachfrage-binance-coin-im-aufwind-1030331689
- » https://changelly.com/blog/best-stablecoins-comparison/#3-DAI-Stablecoin
- » https://blockchainwelt.de/stablecoins-sind-preisstabile-kryptowaehrungen-moeglich/

» https://praxistipps.chip.de/bitcoin-gold-was-ist-das-einfach-erklaert_97332

» https://praxistipps.chip.de/bitcoin-cash-was-ist-das-einfach-erklaert_94833

» https://blockchainwelt.de/dogecoin/

» https://kryptozeitung.com/dogecoin-kryptowaehrung/

» https://bitcoin-bude.de/was-ist-polkadot-alles-was-du-ueber-dot-und-sein-potential-wissen-musst

» https://blockchainwelt.de/polkadot/

» https://www.cryptolist.de/polkadot

» https://www.cryptolist.de/cardano

» https://blockchainwelt.de/cardano/

» https://blockchainwelt.de/vechain/

» https://www.cryptolist.de/vechain

» https://coincierge.de/was-ist-vechain-ven/

» https://www.tokens24.com/de/cryptopedia/basics/ist-vechain-und-wie-funktioniert-es/amp

» https://praxistipps.chip.de/was-ist-ripple-einfach-erklaert_99011

» https://www.cryptolist.de/ripple

» https://blockchainwelt.de/ripple/

» https://www.cryptolist.de/blockchain-anwendungsbereiche

» https://praxistipps.chip.de/kryptographie-einfach-erklaert_102083

» https://academy.binance.com/de/articles/game-theory-and-cryptocurrencies

» https://krypto-guru.de/mining/

» https://decentralbox.com/was-ist-mining/
» https://www.netzwelt.de/kryptowaehrung/index/kryptowa-ehrung-mining-/index.html
» https://www.blockchain-insider.de/was-ist-proof-of-stake-pos-a-900657/
» https://www.hartware.de/2020/10/07/lohnt-sich-das-mining-von-kryptowaehrungen/

Printed in Poland
by Amazon Fulfillment
Poland Sp. z o.o., Wrocław

16165227R00127